汉语国际推广多语种大连基地规划项目
编委会成员名单

主 任 委 员：许　琳（国家汉办主任）

副主任委员：孙玉华（大连外国语学院院长）

　　　　　　　李树森（辽宁省教育厅副厅长）

　　　　　　　马箭飞（国家汉办副主任）

编委会成员：赵忠德（大连外国语学院副院长）

　　　　　　　杨金成（国家汉办师资处处长）

　　　　　　　杨俊峰（大连外国语学院院长助理）

　　　　　　　潘先军（大连外国语学院汉学院副院长）

　　　　　　　周玉琨（大连外国语学院文化传播学院院长）

执 行 总 编：孙玉华

执行副总编：赵忠德、潘先军、周玉琨

外 国 专 家：西香织（博士），日本北九州市立大学外语学院汉语系

　　　　　　　崔桓（博士、教授），韩国岭南大学中国语言文化学部

国家汉办汉语国际推广基地规划项目

GO FOR CHINESE
Elementary Level

目标汉语 基础篇

刘川平 主编　　王松岩　刘川平 编著

北京大学出版社
PEKING UNIVERSITY PRESS

图书在版编目(CIP)数据

目标汉语.基础篇.1/刘川平主编.–北京：北京大学出版社,2010.6
ISBN 978-7-301-17323-7

Ⅰ.目… Ⅱ.刘… Ⅲ.汉语-对外汉语教学-教材 Ⅳ.H195.4

中国版本图书馆 CIP 数据核字 (2010) 第 102486 号

书　　　名：	目标汉语　基础篇 1
著作责任者：	刘川平　主编　　王松岩　刘川平　编著
责 任 编 辑：	宋立文（slwwls@126.com）
标 准 书 号：	ISBN 978-7-301-17323-7/H·2515
出 版 发 行：	北京大学出版社
地　　　址：	北京市海淀区成府路 205 号　100871
网　　　址：	http://www.pup.cn
电　　　话：	邮购部 62752015　　发行部 62750672　　编辑部 62754144
	出版部 62754962
印 刷 者：	北京鑫海金澳胶印有限公司
经 销 者：	新华书店
	787 毫米 × 1092 毫米　　16 开本　　12.75 印张　　209 千字
	2010 年 6 月第 1 版　　2010 年 6 月第 1 次印刷
印　　　数：	0001–3000 册
定　　　价：	48.00 元（含 MP3 盘 1 张）

未经许可，不得以任何方式复制或抄袭本书之部分或全部内容。
版权所有，侵权必究
举报电话：010-62752024　　电子信箱：fd@pup.pku.edu.cn

前言

　　这是一套供零起点和学过一些汉语的外国学生使用的基础阶段综合课教材，既适合长期进修相对强化教学模式的要求，也可用于一般长期进修教学、短期培训教学和自学。本书的编写原则是：以话题为引导，词汇为重点，语法为骨架，功能为辅助，文化为蕴含，练习为主体，迅速提高交际能力为终极目标。

一、主要特点

　　1. 可靠的科学性。本书适用的基础阶段，包括一般所说的初级阶段和中级阶段的上半期。语法项目主要依据《高等学校外国留学生汉语教学大纲——长期进修》（下称《教学大纲》），涵盖初级主要语法项目和部分中级语法项目，作为教材的结构框架。词汇主要依据《汉语水平词汇与汉字等级大纲》，包括甲、乙级词的绝大部分，丙级词的一部分以及少量丁级词，同时吸纳了一批反映社会和语言发展，使用频率较高的新词语。此外，从《教学大纲》的功能项目中选取了与基础阶段相适应的内容。

　　2. 相对的强化性。长期进修是一种"准常规语言教学"，它既追求语言知识的相对系统性，又兼顾语言技能的全面性和熟练程度。为此，本书努力体现该教学"输入大于输出"和大运动量的相对强化教学的特点。一是确保足够的输入量，表现在课文形式和字数，词汇、功能项目、句式及文化因素的数量等各个方面；二是确保足够的训练强度，表现在课文，特别是练习中的教学手段多样化、交际化和有效练习的大密度编排。

　　3. 编排的层级性。本书由低到高分为八个层级，各层级间既相互区别又紧密关联。形式上由简单到复杂：课文由简短对话到长句，再到短文；课文长度由100字增至700字以上；词汇量由第一层级的345词增至第八层级的653词。内容上循序渐进：前四个层级以校园学习和生活为主，后四个层级逐渐过渡到以社会生活为主；相关话题的表达和词语难度在不同层级也呈循环叠加、螺旋上升式分布。

4. 充分的交际性。作为教学的基本依据，助推课堂教学过程交际化是本书的着力点之一。表现在：话题选择尽量做到贴近现实生活和学习者的关注点；对话贯穿课文始终；每课提出若干具有交际性的常用句型；练习中既有功能和多技能训练的内容，也有各种限定范围和模拟情境的操练，尤其是专门安排了交际任务，以利"用中学"和交际能力的培养。

5. 全面的实用性。实用性是本书的根本出发点和落脚点。对学习者，通过有限的学习时间能够掌握基础阶段和部分中级阶段的语言要素、功能项目和语用条件，满足他们尽快提高交际能力的迫切愿望；对教师，本书多视角的话题、丰富的内容、简洁的语法说明、多样而大量的练习项目，都为教学准备和课堂组织提供了便利。此外，多层级设计增强了适应性，不同汉语基础和学习时间的使用者可以各取所需。

二、结构设计

1. 全书按八个层级分为 8 册，每册 10 课，共 80 课。此外，基于对零起点学生集中进行语音训练的必要性，第一册专门设有"汉语拼音基础"课程。

2. 每课包括课文、常用句、生词语、语言点（含基本句和重要词语用法）注释、操练与交际等。每册安排一套全覆盖的自测题。

3. "操练与交际"在全书所占比重最大。包括语言要素、语言技能、交际功能三大类练习。具体项目各册既有共性，又具个性特点。各册共有的如：

（1）语言要素练习：语音部分的辨音辨调、熟读短语、朗读句子。词语部分的生词填空、组成短语、连线、选词填空等。句法部分的模仿性句型操练，如重复、替换；理解性的完成句子、连词成句、改写句子、改错等。

（2）技能训练：完成对话、回答问题、模仿、阅读、写作等。

（3）交际功能：功能对话、自由表达、完成交际任务（包括"准任务"和"真任务"）。

此外，根据学习进度，各册分别安排了若干个同的练习，共计 30 余种。

4. 每册起首列出该册课文的主要人物，大多数人物贯穿 8 册始终。每册末尾附有生词及专名索引。

5. 第 1、2 册课文配有汉语拼音对照。第 1 册标注于汉字下，第 2 册列于课文后。

6. 翻译：为便于学习，正文的"汉语拼音基础"、语言点、生词，以及前四册练习项目均配有英文翻译；此外，生词总表配有日、韩、俄文对译。

三、教学目标

本书名为《目标汉语》，意在提示使用者：只有始终明确自己的目标并为之而努力，才能取得成功。

1. 总体目标。通过本书的教学，使学习者学习 4000 余个词语、《教学大纲》初级和部分中级语法项目、相应的功能项目和文化知识，完成若干交际任务。听、说、读、写技能全面达到《教学大纲》中等阶段前半段的目标要求，综合运用汉语的能力得到迅速提升。

2. 层级目标。每册具体教学目标如下表：

册 \ 项目	生词语	语言点	功能点	交际任务
1	345	41	21	15
2	384	39	11	13
3	447	41	23	16
4	471	31	29	12
5	530	53	17	11
6	538	38	22	10
7	642	58	23	12
8	653	49	41	11

四、使用建议

1. 教学进度。本书作为综合课教材，用于长期进修相对强化教学模式的教学时间为 1 学年，每学期学习 4 册。为确保教学效率，建议第一学期教学时间每周 16 课时，第二学期每周不少于 14 课时。其余课时可配以相应的听力、口语教学。

用于一般的长期进修教学，教学时间可适当延长（例如3个学期）；用于短期培训和自学，宜根据不同需要选择教材的一部或全部，教学时间亦可灵活安排。

2. 生词和语言点。本书生词分布在课文和练习（主要是阅读练习）中，其词义、词性基本上按照课中的语境确定；语言点及其注释一般也与当课的用法相一致。多词性、词义的生词和多用法的语言点，其未出部分一般留待后面出现时再列。这就要求词汇和语言点的教学分步、循序进行，而不宜毕其功于一课。

3. 功能与交际。常用句和功能会话提供了功能与结构相结合的素材，教学中应当予以重视。完成交际任务是本书的一个特点，在试用过程中，很受学生欢迎。需要注意的是，为适应任务教学法，教师的指导作用应主要体现在布置任务、提示方法和完成任务之后的检查、总结之中。

4. 教材的处理。本书旨在为教学提供一个结构特点鲜明、内容丰富多样、便于操作的平台，但不提倡刚性照搬，相反，允许针对不同教学模式和教学对象对其加以调整或补充。

五、几点说明

1. 本书是基于我们多年开展长期进修相对强化教学的探索和体验，吸取前贤的丰厚成果，积5年努力和集体智慧编写完成的。本书也是国家汉办科研规划项目和汉语国际推广多语种大连基地教材规划项目的成果之一。

2. 本书编写分工：

主编：刘川平，主持长期进修相对强化教学的理论研究与教学实践；在此基础上提出教材总体构思并制定编写大纲；组织教材的编写、试用并统改全部书稿。

编者：第1册：王松岩、刘川平。

第2册：王松岩。

第3册：郑桂芬、杨洁。

第4册：杨洁、郑桂芬。

第5、6册：王端。

第7、8册：陈子骄。

英文翻译：隋荣谊。

其他翻译：郝卓（日文）、胡倩（韩文）、赵辉（俄文）。

3. 在本书编写、试用和出版过程中，得到专家、同行的指导和北京大学出版社的鼎力支持。资料信息选自方方面面，虽尽最大努力与原作者取得联系，限于各种原因仍有部分未能如愿。在此对以上各方一并谨致谢忱！

一部教材是否合用，有赖于实践检验。热诚期待来自使用者和业内人士的批评和意见。

主　编：刘川平

PREFACE

This book series is a foundational comprehensive Chinese textbook for international students, beginners or those who have learned some Chinese. It is fit not only for the requirements of the long-term refresher study or the teaching mode of relative reinforcement training, but also for the general long-term refresher teaching program, short-term training program and self-study. The principle of compiling this book series is to improve the learners' communicative ability rapidly as the final target. Therefore, we apply the following means when compiling the book: Taking topics as guidance; vocabulary as focal point; grammar as the frame, function as supplementation; culture as inside information; practice as principal part.

1. Major Features

1.1 Reliable scientific approach. This basic Chinese textbook includes the elementary and the first half of intermediate level. Based on *Syllabus for Chinese Courses for International Students at Chinese Colleges and Universities —Long-term Refresher Course* (hereafter referred to as *Syllabus*), this book series mainly covers grammar items of the elementary and part of the intermediate levels with which we frame this book. Based on *Chinese Language Proficiency Standard and the Character Entries and Graded Character List*, the book series covers most vocabularies of Level A and B, and part of Level C, as well as a small amount of Level D. We also collect a number of highly used new words which reflect social and language development. In addition, we also select functional items suitable for the elementary level from *Syllabus*.

1.2 Relative intensiveness. Long-term refresher course is a "quasi-conventional language teaching", which pursues both the relative systemic

language knowledge and comprehensive skills and proficiency in using language. Therefore, the methodical approach we adhere is "larger input than output," and the characteristic of this book serise is large amount of exercise of relatively intensive teaching. First, to ensure adequate input, this is displayed in the form of texts and the amount of words, the vocabulary, the functional items, sentence structure and cultural factors, and the like in other aspects. Secondly, to ensure adequate intensive training, this is displayed in the texts, and in the exercises in particular, in which we apply diverse means of teaching, and effective communication and a large amount of exercises.

  1.3 The hierarchy of compiling this book series. The book series is divided into eight levels from low to high. They are different from each other but closely related. As to the form, we adhere to the principle of from simple to complex: the texts are composed of brief conversations, long sentences and then short passages; the length of the text from 100 words to 700 words or more; vocabulary from the first level of 345 words to the eighth level of 653. The degrees of difficulty of the content develop gradually: the former four levels are based on life and study on campus, and the latter four levels develop gradually to social life mainly; the degrees of difficulty of the related topics, and words and the expressions develop in a cycle, recurring and spiral distribution.

  1.4 Fully communicative. As the fundamental basis for teaching, boosting communicative process in class is one of the focuses of this book series, which displays as follows: topics selected are close to day-to-day life and to the learners' interest as much as possible; dialogues run through texts; in each lesson we have a number of common communicative patterns; in exercises, we arrange both functional and multi-skills training, and the practice with limited scope and under simulated conditions, especially special communication tasks in order to help develop interpersonal ability and be benefit from "learning from practice".

  1.5 Comprehensive practicality. Practicability is the fundamental starting point and end point of this book series. Within limited learning time, the learners have to master those language elements at the basic stage and some at the intermediate stage: functional items and pragmatic conditions as soon as possible to meet their urgent desire for communicative competence; wide range of topics, content rich in meaning, simple explanations to the grammatical structures, varied exercises facilitate teachers in preparing their lesson and teaching in classroom. In addition, the multi-level design enhanced the applicability, and the users at different level and for a long or short time spent may learn what they want.

2. Structural Design

2.1 The book series is divided into eight volumes according to eight levels. In each volume there are 10 lessons, and 80 lessons altogether in the book. Besides, based on the need for focusing pronunciation training to the beginners, we arrange Basic Chinese *Pinyin* in Volume One as an independent section.

2.2 Each lesson consists of text, sentences in common use, new words and expressions, notes to the language points (including basic sentence patterns and usage of important words and phrases), exercise and communication. And there is an Evaluation Paper, which covers what have been learned in each volume.

2.3 "Practice and Communication" occupy the largest proportion of the book series. They include three aspects: language elements, language skills, and communication. There exist common features and specific characteristics among each volume of the book, such as:

  A. Language elements practice: in the section of pronunciation, distinguish the sounds, read aloud the phrases, and read aloud the sentences; in the section of words and expressions, fill in the blanks with new words; make up phrases, linking, choosing the words to fill in the blanks; in syntax structure, imitation practice like repetition and substitution; in understanding, complete sentences, make sentences by linking the words or phrases, rewrite sentences, and correct mistakes and etc..

B. Skills training: complete dialogues, answer questions, imitate, reading, and writing and etc.

C. Communication: functional communications; free talk, fulfill tasks (including the "quasi-tasks" and "real tasks").

In addition, according to the learning schedule, we also compile more than 30 exercises of different kind distributed in each volume.

2.4　The main characters appeared in the texts are listed at the front of each of volume. Most of them run through the book from Volume One to Volume Eight. Vocabulary (Index of New Words and Proper Nouns) is attached to the end of each volume.

2.5　In Volume One and Two, the texts are dubbed with Chinese *Pinyin*, Volume One under each character, and Volume Two at the end of each text.

2.6　Translation: for the convenience of study, the part of Basic Chinese *Pinyin*, language points, notes, new words and the exercises in the former four volumes are matched with English. Besides, the vocabulary at the back is matched with Japanese, Korean and Russian.

3. Teaching Objectives

The name of this book series is Go For Chinese, which means learners must keep it in mind that only by knowing what objective you want to gain throughout and working hard at it, can you successfully obtain it.

3.1　The global objective. Teaching by way of using this textbook series, learners will learn 4000 new words and expressions, grammar items of elementary and part of intermediate level in *Syllabus*, related functional items and cultural knowledge, and can fulfill some communicative tasks. Learners are expected to achieve the first half goal of intermediate level in the skills of listening, speaking, reading, and writing required in *Syllabus*. The comprehensive ability of using the language will be elevated promptly and greatly.

3.2　Objectives at each level. The objectives of each volume are as follows in the Chart:

Volume \ Items	New Words and Expressions	Language Points	Functional Items	Communicative Tasks
1	345	41	21	15
2	384	39	11	13
3	447	41	23	16
4	471	31	29	12
5	530	53	17	11
6	538	38	22	10
7	642	58	23	12
8	653	49	41	11

4. Tips for User

4.1 The schedule of teaching. As a comprehensive textbook, we suggest that this book series be used for a whole academic year for the long-term refresher study or the teaching mode of relative reinforcement training, each academic term 4 volumes. In order to ensure the efficiency of teaching, 16 hours of teaching per week is proposed for the first term, and no less than 14 hours per week for the second term. Teaching of listening and speaking covers the rest of the academic teaching hours.

For the general long-term refresher teaching program, the time of teaching can be prolonged (three terms for example); for short-term training program and self-study, the whole or part of the textbook can be selected accordingly, and the time of teaching can be flexibly arranged.

4.2 New words and language points. The new words are arranged in the texts and exercises (mainly in reading comprehension). The meaning and the parts of speech of the new words are basically in accordance with the context of situation in the text; the explanations to the language points and notes to the text are based on the usages in the text. As to the other usages or meanings of

the new words will be explained when they are used in that context of situation. Thus it requires new words and language points be listed and illustrated step-by-step in a progressive way, and should not be complete at one time.

4.3 Function and communication. Useful sentences and functional communication provide us comprehensive teaching materials with function and structure combined and should be focused on in teaching. Communication task is a feature of the book, which, in the trial process, has been popularly complimented by the students. It should be noted that in order to meet task-based teaching methods, the guiding role of teachers' should be laying out tasks, prompt them, check after the completion of the task and summarize how well they have done.

4.4 How to use the textbook. The book series aims to provide a platform for teaching with features of clear structures, rich and varied content, and easy to operate. We strongly oppose the way of rigid copy. We advocate the revision, adjustment or supplement be made to it according to different teaching modes and different levels of students.

5. Some Explanatory Notes

5.1 Based on our years of probing into the long-term refresher study and relatively intensive teaching experience, we have assimilate the rich achievements of those profound scholars and compiled this book with five years of hard working and boiled wisdom of all faculties. This is also an outcome of the scientific research project of the OCLCI, and one of the projects of the Teaching Material Planning of the Dalian Multi-lingual Base of Chinese Language Council International.

5.2 The division of compiling this book series:

Compiler-in-Chief: Chuanping Liu, is in charge of probing into the long-term refresher study and relatively intensive teaching both theoretically and practically, based on which he put forward the overall idea and listed an outline for compiling the book; and in charge of compiling, trial and correcting and improving all manuscripts.

Compilers: Volume I: Songyan Wang; Chuanping Liu

Volume II: Songyan Wang

Volume III: Guifen Zheng; Jie Yang

Volume IV: Jie Yang; Guifen Zheng

Volume V and VI: Duan Wang

Volume VII and VIII: Zijiao Chen

English Translator: Rongyi Sui

Other Translator: Zhuo Hao (Japanese); Qian Hu (Korean); Hui Zhao (Russian)

5.3 We hereby would like to express our sincere thanks to those experts and peers who have given us suggestions while compiling, trying and publishing the book, to Peking University Press who has given us great support in publishing this book, and also to those whose materials or data we have consulted or selected. Though we have tried our best to get in touch with all the original authors, limited to a varied of reasons, some we failed to.

If a textbook is applicable, it has to be tested through practice. We earnestly invite the users of this book series and those who are specialized in this field to put forward their criticism and suggestions.

Chief Compiler: Chuanping Liu

本册主要人物
Main Characters in the Texts of This Volune

爱米 女，20岁，美国留学生，来自美国某大学艺术系，性格活泼。
Amy, female, 20, an American student, from a Department of Art of an American university, is a girl of pleasant personality.

金美英 女，20岁，韩国留学生，随父母来中国，在中国某大学学习汉语。
Kim Mi Young, female, 20, a Korean student, has come to China with her parents and is now studding Chinese in a university in China.

山本信一 男，27岁，日本留学生，来自日本某大学，东亚经济专业硕士二年级，勤奋刻苦。
Yamamoto Shinichi, male, 27, a Japanese student, from a Japanese university, majors East Asian Economics in his second year of Master Degree, diligent and industrious.

玛丽亚 女，20岁，俄罗斯留学生，来自俄罗斯某大学美术系，喜爱中国书画。
Mary, female, 20, a Russia student, from a Department of Art of an Russian university, likes Chinese painting and calligraphy.

大卫 男，22岁，意大利留学生，来自意大利某大学，中文系三年级，热情开朗，喜欢运动。
David, male, 22, an Italian junior student, from the Chinese Department of an Italian university, a very pleasant and sociable person, is fond of sports.

高桥朋子 女,21岁,日本留学生,来自日本某大学历史系。
Takahashi Tomoko, female, 21, a Japanese student, is from the Department of History of a Japanese university and likes traveling.

田中正龙 男,32岁,日本留学生,日本某公司职员,在中国短期进修汉语。
Tanaka Shyoryu, male, 32, Japanese student, a clerk of a Japanese company, is now in China for a short-term further studying Chinese.

孙 明 男,21岁,中国某大学日语专业学生。
Sun Ming, male, 21, a University of China, is a student of Department of Japanese.

王 兰 女,20岁,金美英的中国朋友。
Wang Lan, female, 20, Jin Meiying's Chinese friend.

丁 文 男,32岁,中国某大学汉语学院汉语教师。
Ding Wen, male, 32, is a Chinese teacher in a university of China.

张 云 女,48岁,中国某大学汉语学院汉语教师。
Zhang Yun, female, 48, is a Chinese teacher in a university of China.

目录
CONTENTS

汉语拼音基础　Basic Chinese *Pinyin* ——————————————— 1

第 1 课　你们好　Nǐmen hǎo
Lesson 1 How are you? ————————————————————— 32

> 基本句:"是"字句(1);用"吗"的是非问句
> Basic sentence patterns: Sentence pattern of "是"(1); Yes/no questions with "吗"
>
> 词语用法:结构助词"的"
> Usages of words and phrases: Structural auxiliary "的"

第 2 课　你们班有多少学生　Nǐmen bān yǒu duōshao xuésheng
Lesson 2 How many students are there in your class? —————— 43

> 基本句:"有"字句(1)
> Basic sentence patterns:"有"-sentence(1)
>
> 词语用法:"几"和"多少";两位数的读法
> Usages of words and phrases: The usage of the "几" and "多少"; How to read numbers from 11 to 99

I

第 3 课　哪儿有汉韩词典　Nǎr yǒu Hàn-Hán cídiǎn
Lesson 3 Where can I find a Chinese-Korean dictionary? — 52

> 基本句：特指疑问句
> Basic sentence patterns：Special interrogative sentences
>
> 词语用法：疑问代词"谁"、"什么"、"哪儿"、"哪"；范围副词"都"
> Usages of words and phrases: Interrogative pronoun "谁","什么","哪儿","哪"; Range-adverb "都"

第 4 课　又认识一个朋友　Yòu rènshi yí ge péngyou
Lesson 4 I have made a new friend — 64

> 基本句：用"呢"构成的省略问句；用"吧"(1)构成的猜测问句
> Basic sentence patterns：Elliptical interrogative sentences with "呢"; "吧"(1) is used to form a conjecture question
>
> 词语用法："也"、"还"、"又"
> Usages of words and phrases: The usage of "也","还","又"

第 5 课　去商店　Qù shāngdiàn
Lesson 5 Go shopping — 75

> 词语用法："一点儿"(1)；比较"不"和"没"；比较"二"和"两"；表达钱数的词语用法
> Usages of words and phrases: The usage of "一点儿"(1); Compare "不" and "没"; Compare "二" and "两"; The uses of the words of expressing money

第 6 课　约朋友　Yuē péngyou
Lesson 6 Make an appointment with a friend — 88

> 基本句：形容词谓语句
> Basic sentence patterns：Sentence with an adjective as its predicate
>
> 词语用法：趋向动词"来"和"去"；吧(2)；表示时间的词语用法(1)；语气助词"的"

Usages of words and phrases: Transitional event verbs "来" and "去"; The mood auxiliary "吧"（2）; The uses of the words of expressing time （1）; The mood auxiliary "的"

第 7 课　找人　Zhǎo rén
Lesson 7　Looking for somebody —————————— 101

基本句：表示存在的"在"字句；"和\跟……一起"
Basic sentence patterns: Sentence of existence with the verb "在"; The phrase "和/跟……一起"

词语用法：句尾"了"；副词"再"；结构助词"地"；形容词重叠
Usages of words and phrases: The usage of auxiliary word "了" at the end of the sentence; The usage of the adverb "再"; Structural auxiliary "地"; Adjective reduplication

第 8 课　留学生宿舍在哪儿　Liúxuéshēng sùshè zài nǎr
Lesson 8　Where is the international students dormitory? —————— 115

基本句："有"字句（2）和"是"字句（2）表示存在
Basic sentence patterns: The sentence of existence of "有"（2）and "是"（2）

词语用法：介词"在"；方位词
Usages of words and phrases: Preposition "在"; Noun of locality

第 9 课　去朋友的宿舍　Qù péngyou de sùshè
Lesson 9　Going to a friend's dormitory —————————— 128

基本句：正反问句；主谓谓语句；选择问句
Basic sentence patterns: Affirmative-negative question; Sentences with subject and predicate as a predicate; Alternative Interrogative sentence

词语用法："这么"
Usages of words and phrases: The usage of the phrase "这么"

III

第 10 课　准备过生日　Zhǔnbèi guò shēngrì
Lesson 10 Preparing for a birthday party —————————— 141

基本句：名词谓语句
Basic sentence patterns：Sentences with a noun as the predicate

词语用法：表示日期的词语用法；表示时间的词语用法（2）；"对了"
Usages of words and phrases: The uses of the words and phrases expressing date； The uses of the words and phrases expressing time (2); The usage of the phrase "对了"

自测题　　Evaluation paper ———————————————— 155
生词总表　Vocabulary ——————————————————— 162

汉语拼音基础
Basic Chinese *Pinyin*

第一部分
Part 1

现代汉语是音节语言，每个音节是一个语音单位；现代汉语又是声调语言，每个音节一般都有一个声调。音节由声母、韵母、声调三部分组成。例如音节 mā (mother)，就是由声母 m、韵母 a 和声调"ˉ"构成的。

Modern Chinese language is a syllabic language and every syllable is a phonetic unit. And modern Chinese language is also a tonic language and each syllable has a tone. Syllables are composed of initials, finals and tones. For example, syllable "mā (mother)", is composed of initial "m", final "a" and tone "ˉ".

一、声母 Initials

一个音节开头的辅音叫做声母（开头没有辅音的叫做零声母）。汉语普通话共有 21 个声母。本课学习八个声母：b、p、m、f、d、t、n、l。

Consonants at the beginning of the syllable are called initials (when there is no consonant at the beginning, it is called zero initial). There are altogether 21 initials in Mandarin. We are going to learn eight initials in this lesson: b, p, m, f, d, t, n, l.

b [p] 闭上双唇，口中充气，使气流冲开双唇，声带不振动。

Shut lips, mouth filling with air, forcing air to open lips, without vocal cords vibration.

p [pʻ] 发音与 b 基本相同，但气流很强。

The way to pronounce p [p'] is basically the same with "b", but airflow is stronger.

m [m] 闭上双唇，气流从鼻腔通过，声带振动。

Shut lips, the airflow passing through nasal cavity, with vocal cords vibration.

f [f] 上齿轻触下唇，气流从齿唇间通过，声带不振动。

Upper teeth touching on the lower lip, the airflow passing through teeth, without vocal cords vibration.

d [t] 舌尖顶上齿背，口中充气，快速放下舌尖，使气流冲出，声带不振动。

The tip of tongue against the back of upper teeth, mouth filling with air, rapidly putting down the tip of tongue, forcing airflow out of the mouth, without vocal cords vibration.

t [t'] 发音与d基本相同，但气流很强。

The way to pronounce t [t'] is basically the same with "d", but the airflow is stronger.

n [n] 双唇半开，舌尖顶上齿背，气流从鼻腔通过，声带振动。

Semi-open lips, tip of tongue against the back of upper teeth, the airflow passing through nasal cavity, with vocal cords vibration.

l [l] 双唇半开，舌尖顶上齿背，气流从舌头两侧通过，声带振动。

Semi-open lips, tip of tongue against the back of upper teeth, the airflow passing through blades of the tongue, with vocal cords vibration.

二、韵母 Finals

一个音节声母后面的部分叫做韵母。汉语普通话共有36个韵母（另有2个特殊韵母），其中包括：由一个元音构成的单韵母，由两个或三个元音构成的复韵母，由元音后面带鼻音构成的鼻音韵母，以及卷舌韵母。本课学习六个单韵母：a、o、e、i、u、ü。

The part after an initial is called final. There are altogether 36 finals in Mandarin (and another two special finals), which includes: monophthongal finals composed of one vowel, diphthongal finals composed of two or three vowels, nasal finals composed of vowels plus nasal consonants, and rolling finals. In this lesson, we are going to learn six monophthongal finals: a, o, e, i, u, ü.

a [A] 开口度最大，舌位最低，唇不圆。

Biggest opening of the mouth, the lowest position of the tip, lips not round.

o [o] 开口度中等，舌位半高、靠后，唇圆。

Medium-sized opening of the mouth, mid-high position of the tip and at the back, lips round.

e [ɤ] 开口度中等，舌位半高、靠后，唇不圆。

Medium-sized opening of the mouth, mid-high position of the tip and at the back, lips not round.

i [i] 开口度最小，唇扁平，舌位高、靠前。

Smallest-sized opening of the mouth, lips flat, high position of the tip and at the front.

u [u] 开口度最小，唇最圆，舌位高、靠后。

Smallest-sized opening of the mouth, lips round, high position of the tip and at the back.

ü [y] 唇圆，其他与 i 相同。

Lips round, the other features are the same with "i".

三、声调　Tones

声调是指音节发音时高低变化的情况，不同的声调可以表示不同的意思。现代汉语普通话共有四个声调：第一、二、三、四声。每个声调都有一个调号，书写时标注在韵母的主要元音上方（表一）。它们的发音过程和起止点可以用一个从低到高的五度图标示（图一）。

Tone refers to the variation of pitch. Different tones indicate different meanings. There are four basic tones in Modern Chinese Bejing dialect: the first tone; the second tone; the third tone and the fourth tone. And each tone has a tone mark placed above the monophthong or the main vowel (see Chart 1). The process, the starting and ending of the pronounciation, can be represented by a tone graph of five pitches (see Graph 1).

表一　Chart 1

声调 Tones	调类 Tone category	调程 Tone processes	调号 Tone marks	标调 Tone marking
第一声 The 1st tone	高调 High pitch	55	‾	dōu
第二声 The 2nd tone	升调 Rising picth	35	╱	dié
第三声 The 3rd tone	低调 Low pitch	211	∨	dǎi
第四声 The 4th tone	降调 Falling pitch	51	╲	diào

图一　Graph 1

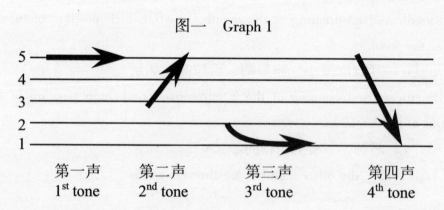

第一声　　第二声　　第三声　　第四声
1st tone　　2nd tone　　3rd tone　　4th tone

四、练习　Practice

1. 读声母和韵母　Read the following initials and finals

   b　p　m　f　　d　t　n　l
   a　o　e　　i　u　ü

2. 拼读下表 Read the following chart

表二 Chart 2

	a	o	e	i	u	ü
b	ba	bo		bi	bu	
p	pa	po		pi	pu	
m	ma	mo	me	mi	mu	
f	fa	fo			fu	
d	da		de	di	du	
t	ta		te	ti	tu	
n	na		ne	ni	nu	nü
l	la		le	li	lu	lü

3. 比较与辨别 Compare and distinguish the sounds

（1）声母 Initials

  ba–pa bo–fo du–tu di–li

  po–bo fu–tu du–nu bu–pu

  na–la pu–fu da–ta li–ni

  mi–ni te–de mu–nu de–ne

  di–ti nü–lü lu–nu ma–fa

（2）韵母 Finals

  ba–bo pa–pu li–lü bo–bu

  mu–mo nu–nü ma–mo ta–tu

  na–nu fu–fo mi–me fo–fu

  da–de le–lu po–pi de–du

  ni–nü lu–lü mo–me

4. 声调练习 Practice the following tones

（1）按高、低、升、降顺序连读

Read the following according to the order of high and low, rising or decending in succession

| 第一声 | 第三声 | 第二声 | 第四声 |
1st tone	3rd tone	2nd tone	4th tone
ā	ǎ	á	à
ō	ǒ	ó	ò
ē	ě	é	è
ī	ǐ	í	ì
ū	ǔ	ú	ù
ǖ	ǚ	ǘ	ǜ
bā	bǎ	bá	bà
pō	pǒ	pó	pò
dē	dě	dé	dè
tī	tǐ	tí	tì
mū	mǔ	mú	mù
lǖ	lǚ	lǘ	lǜ

(2) 双音节练习   Practice double syllables

第一声 1st tone	bādā	pālā	māmī	dīdā
	dūlū	tēlē	bōfā	tālā
第二声 2nd tone	túdú	mápó	tíbá	lúdí
	pálí	bíqí	dátí	fúmó
第三声 3rd tone	dǎdǐ	fǔmǒ	mǎdǎ	lǚtú
	nǚpú	bǐfù	tǔlù	nǚlì
第四声 4th tone	dàlù	mùbù	tèdì	pòlì
	bìlù	tìdù	mìmì	pàlà

(3) 声调听辨   Listen and distinguish the tones

bǎ–bā   dà–dá   pǒ–pò

fú–fù   mǐ–mí   lǜ–lú

tǔ–tú   nǚ–nǔ   dé–dē

mó–mō   nǐ–nì   pì–pí

bīpò   tǔdì   dàfū   bǐlì

fúlì	dìtú	pībó	nǔtú
dàdí	lǚlì	tèpī	fámò
fāfú	mǎlù	bùná	bàmā

(4) 听写标调 Tone marks dictation

a	e	bi	di	na	po	ta
lü	bu	mo	ditu	tili	fudu
mibi	nüpu	fanu	lede	pifu

第二部分
Part 2

本课学习六个声母和十三个复韵母。

In this lesson, we are going to learn 6 initials and 13 diphthongal finals.

一、声母 Initials

六个声母是：g、k、h、j、q、x。

The 6 initials are as follows: g、k、h、j、q、x.

g ［k］舌根顶住软腭，再快速离开，使弱气流冲出，声带不振动。

Hold the back of the tongue agains soft palate, then quickly fall away to flow out of the weak airflow, without vocal cords vibration.

k ［kʻ］发音与g基本相同，但气流很强。

The way to pronounce k ［k］ is basically the same with "g", bu the airflow is stronger.

h ［x］舌根接近软腭，气流从它们中间摩擦而出，声带不振动。

Hold the back of the ongue close to the soft palate to release air friction out from among them without vocal cords vibration.

j ［tɕ］舌面前部顶住硬腭，弱气流从它们之间冲出，声带不振动。

Hold the front of the dorsum against hard palate to release the weak

7

airflow out from among them without vocal cords vibration.

q [tɕʻ] 发音与 j 基本相同，但气流很强。

The way to pronounce q [tɕʻ] is basically the same with "j", bu the airflow is stronger.

x [ɕ] 舌面前部接近硬腭，气流从它们之间的窄缝中摩擦而出，声带不振动。

Hold the front of the dorsum against hard palate to release the airflow out from among them without vocal cords vibration.

二、韵母　Finals

十三个复韵母是：

The 13 diphthongal finals are as follow:

ai [ai]	ao [au]	ou [ou]	ei [ei]
ia [ia]	ie [iɛ]	iao [iao]	iou (iu) [iou]
ua [ua]	uo [uo]	uai [uai]	uei (ui) [uei]
üe [yɛ]			

复韵母发音时要注意两点：第一，复韵母中每个单韵母的发音强度和长短不是平均的，开口度最大的一个单韵母要响一些、长一些；第二，各单韵母之间要紧密、自然地连接，不要分开。

When pronouncing diphthongal finals, we should pay attention to two points: first, in diphthongal finals, the two or three vowels are not even in intensity and duration, the vowel with biggest opening sounds louder and longer; secondly, we should link all the vowels closely and naturally without separation.

三、练习　Practice

1. 读声母和韵母　Read the following initials and finals

g	k	h	j	q	x
ai	ao	ou	ei		
ia	ie	iao	iou (iu)		
ua	uo	uai	uei (ui)	üe	

2. 拼读下表 Read the following chart

表三 Chart 3

	ai	ao	ou	ei	ia	ie	iao	iu	ua	uo	uai	ui	üe
g	gai	gao	gou	gei					gua	guo	guai	gui	
k	kai	kao	kou	kei					kua	kuo	kuai	kui	
h	hai	hao	hou	hei					hua	huo	huai	hui	
j					jia	jie	jiao	jiu					jue
q					qia	qie	qiao	qiu					que
x					xia	xie	xiao	xiu					xue
b	bai	bao		bei		bie	biao						
p	pai	pao	pou	pei		pie	piao						
m	mai	mao	mou	mei		mie	miao	miu					
f			fou	fei									
d	dai	dao	dou	dei		die	diao	diu		duo		dui	
t	tai	tao	tou	tei		tie	tiao			tuo		tui	
n	nai	nao	nou	nei		nie	niao	niu		nuo			nüe
l	lai	lao	lou	lei	lia	lie	liao	liu		luo			lüe

3. 比较与辨别 Compare and distinguish the sounds

　　(1) 声母 Initials

　　　　gai-kai　　　　kao-gao　　　　gei-hei　　　　hou-gou
　　　　kuai-guai　　　hua-gua　　　　gui-kui　　　　jia-qia
　　　　xie-qie　　　　jiao-qiao　　　xiu-qiu　　　　jue-xue
　　　　lai-nai　　　　pai-bai　　　　fei-mei　　　　dou-tou
　　　　mie-nie　　　　biao-piao　　　duo-tuo　　　　lüe-nüe

　　(2) 韵母 Finals

　　　　gei-gui　　　　kua-kuo　　　　hai-huai　　　　xie-xue
　　　　jiu-jue　　　　pao-pou　　　　diao-diu　　　　fei-fou

nuo-niu miao-mie bai-bao tui-tuo
lia-lie nao-niao qie-que kuai-kui
xia-xie tei-tai dao-dei mou-miu

4. 声调练习　Practice the following tones

(1) 按高、低、升、降顺序连读
Read the following according to the order of high and low, rising and decending in succession

| 第一声 | 第三声 | 第二声 | 第四声 |
1st tone	3rd tone	2nd tone	4th tone
gāi	gěi	guó	guà
kuā	kǒu	kuí	kào
hēi	hǎo	huái	huò
jiā	jiǔ	jié	jiào
qiē	qiǎo	qiú	qià
xiū	xuě	xié	xià

(2) 双音节练习　Practice double syllables

第一声	kāidāo	duōkuī	jiāgāo	dōuquē
1st tone	tuītuō	fēibiāo	hēimāo	
第二声	báiméi	guóxué	tuóluó	huáqiáo
2nd tone	tóutiáo	páiléi	huíjué	
第三声	hǎiguī	tuǒtiē	xiǎobāo	měihuí
3rd tone	guǒjué	mǎipiào	nǎilào	
第四声	hòukuài	nüèdài	jiàohuì	luòlèi
4th tone	dàotuì	tàimiào	huògùi	

(3) 声调听辨　Listen and distinguish the tones

bǎi-dài huà-lái tuō-nuó fǒu-duò
páo-qiāo kuài-liū niào-miáo děi-fēi
xué-jiè gāi-táo kuī-tuì jiǎ-diāo

(4) 听写音节（注意声调）
Syllables dictation (pay attention to the tones)

_____ _____ _____ _____ _____

_____ _____ _____ _____ _____

_____ _____ _____ _____

(5) 朗读句子　Read aloud the following sentences

① A: Nǐ hǎo!
　 B: Nǐ hǎo!

② A: Nǐ hái hǎo ma?
　 B: Hǎo. Xièxie.

③ A: Bàba hé māma dōu hǎo ma?
　 B: Dōu hǎo.

④ A: Tā lái, nǐ lái ma?
　 B: Lái.

第三部分
Part 3

本课学习其余的声母和鼻音韵母。

In this lesson, we are going to learn the rest of the initials and nasal finals.

一、声母　Initials

七个声母：zh、ch、sh、r、z、c、s。

Seven initials: zh、ch、sh、r、z、c、s.

zh [tʂ] 舌尖上卷，顶住硬腭，弱气流从它们之间冲出，声带不振动。

Role up your tip of the tongue, and hold it against the hard palate to release the weak airflow out from among them, without vocal cords vibration.

ch [tʂʻ] 发音基本与 zh 相同，但气流很强。

The way to pronounce ch [tʂʻ] is basically the same with "zh", but the airflow is stronger.

sh [ʂ] 舌尖上卷，接近硬腭，气流从它们之间摩擦而出，声带不振动。

Role up your tip of the tongue, and hold it close to the hard palate to release air fraction out from among them, without vocal cords vibration.

r [ʐ] 发音基本与 sh 相同，但声带振动。

The way to pronounce r [ʐ] is basically the same with "sh", but with vocal cords vibration.

z [ts] 舌尖平伸，顶住上齿背，弱气流从它们之间冲出，声带不振动。

Hold your tip of your tongue horizontally against the back of your up teeth to release the weak airflow out from among them, without vocal cords vibration.

c [tsʻ] 发音基本与 z 相同，但气流很强。

The way to pronounce c [tsʻ] is basically the same with "z", but the airflow is stronger.

s [s] 舌尖接近上齿背，气流从舌面与上齿背之间的窄缝中摩擦而出，声带不振动。

Hold the tip of your tongue close to the back of your upper teech to release the air friction out from your tongue and the back of your upper teeth, without vocal cords vibration.

二、鼻音韵母　Nasal finals

元音后面带鼻音 -n[n]或 -ng[ŋ]构成鼻音韵母，共有 16 个：

Vowels followed by nasal consonants "-n [n]" or "-ng [ŋ]" are called nasal finals. There are altogether 16 nasal finals:

    an [an]   ang [aŋ]   ong [uŋ]

    en [ən]   eng [əŋ]

    in [in]   ing [iŋ]   ian [iɛn]   iang [iaŋ]   iong [yuŋ]

    üan [yɛn]   ün [yn]

    uan [uan]   uen (un) [uən]   uang [uaŋ]   ueng [uəŋ]

鼻音韵母的发音要注意两点：

There are two points we should pay attention to when we pronounce the nasal finals:

第一，-n [n] 和 -ng [ŋ] 发音部位不同：-n [n] 是前鼻音韵尾，发音时双唇半开，舌尖顶住上齿背（要一直保持到发音结束），使气流从鼻腔通过，声带振动。-ng[ŋ] 是后鼻音韵尾，发音时双唇自然张开，舌根向后、向上顶住软腭，使气流从鼻腔通过，声带振动。

First, "-n[n]" and "-ng[ŋ]" are different in position: "-n [n]" is a front nasal sound. When pronouncing it, you should hold your mouth half open and hold the tip of your tongue against the back of your upper teeth (to be maintained to the end of pronunciation) to release the airflow out through your nasal cavity, with vocal cords vibration. "-ng [ŋ]" is a back nasal sound. When pronouncing it, hold your mouth open naturally and hold the back of your tongue up backward against the soft palate to release the airflow out through the nasal cavity, with vocal cords vibration.

第二，先发前面的元音，再自然地过渡到完全的鼻音。

Secondly, you should pronounce the vowel first and then transit to the full nasal consonsnats naturally.

三、练习 Practice

1. 读声母和韵母 Read the following initials and finals

    zh   ch   sh   r

    z   c   s

an　　ang　　ong　　en　　eng
in　　ing　　ian　　iang　　iong
uan　　uen (un)　　uang　　ueng　　üan　　ün

2. 拼读下表　Read the following charts

表四　Chart 4

	an	ang	ong	en	eng	uan	un	uang
zh	zhan	zhang	zhong	zhen	zheng	zhuan	zhun	zhuang
ch	chan	chang	chong	chen	cheng	chuan	chun	chuang
sh	shan	shang		shen	sheng	shuan	shun	shuang
r	ran	rang	rong	ren	reng	ruan	run	
z	zan	zang	zong	zen	zeng	zuan	zun	
c	can	cang	cong	cen	ceng	cuan	cun	
s	san	sang	song	sen	seng	suan	sun	
b	ban	bang		ben	beng			
p	pan	pang		pen	peng			
m	man	mang		men	meng			
f	fan	fang		fen	feng			
d	dan	dang	dong		deng	duan	dun	
t	tan	tang	tong		teng	tuan	tun	
n	nan	nang	nong		neng	nuan		
l	lan	lang	long		leng	luan	lun	

表五　Chart 5

	in	ing	ian	iang	iong	üan	ün
b	bin	bing	bian				
p	pin	ping	pian				
m	min	ming	mian				
j	jin	jing	jian	jiang	jiong	juan	jun
q	qin	qing	qian	qiang	qiong	quan	qun

续表

x	xin	xing	xian	xiang	xiong	xuan	xun
d		ding	dian				
t		ting	tian				
n	nin	ning	nian	niang			
l	lin	ling	lian	liang			

3. 比较与辨别　Compare and distinguish the sounds

　(1) 声母　Initials

　　　zh–z　　　ch–c　　　sh–s　　　zh–ch
　　　z–ch　　　sh–c　　　s–zh　　　ch–sh
　　　zh–sh　　zh–j　　　ch–q　　　sh–x
　　　j–zh　　　x–sh　　　q–ch　　　x–zh

　　　　zhai–chai　　　shao–rao　　　zei–cei
　　　　chou–cou　　　shuan–suan
　　　　chang–cang　　zhui–zui　　　ran–shan
　　　　chen–cen　　　jiao–zhao
　　　　xiu–jiu　　　　zhen–zen　　　cong–song
　　　　shun–chun　　zeng–zheng
　　　　sou–zou　　　she–ze　　　　chuang–shuang
　　　　rui–shui　　　suo–cuo

　(2) 韵母　Finals

　　　　zhen–zhun　　chuan–chuang　　san–suan
　　　　xin–xun　　　qiong–qing
　　　　seng–song　　ran–rang　　　　shan–shang
　　　　run–ren　　　jing–jun
　　　　bin–bing　　　qian–qiang　　　ling–long
　　　　nang–neng　　min–mian
　　　　tian–ting　　　xian–xiang　　　jiong–zhong
　　　　zuan–zong　　dun–dan

4. 声调练习 Practice the following tones

(1) 按高、低、升、降顺序连读

Read the following according to the order of high and low, rising and decending in succession.

第一声	第三声	第二声	第四声
1st tone	3rd tone	2nd tone	4th tone
zhān	zhǎng	chén	chèng
zhuān	zhǔn	chóng	chuàng
shān	shěng	shén	shàng
rēng	rǎn	rén	ràng
zāng	zǎn	cuán	cùn
zūn	sǎn	cóng	rèn

(2) 双音节练习 Practice double syllables

第一声 1st tone	shānzhōng chuānzhēn	cūnzhuāng zūnchēng	shēngēng
第二声 2nd tone	cóngróng shénrén	chángchéng chuánchéng	réngrán
第三声 3rd tone	zǒngzhuāng cǎnzhòng	shěngrén zhuǎnshùn	rǎnchéng
第四声 4th tone	zànsòng suànzhàng	shànshì shùnchàng	zhèngzhòng

(3) 声调听辨 Listen and distinguish the tones

rǎng-shàn   sàn-cáng   zōng-róng   cōng-chòng
rán-zāng   chàn-sūn   zhàn-cáng   rěn-sēng
chén-shèn   zān-chuáng

(4) 听写音节（注意声调）

Syllables dictation (pay attention to the tones)

_____   _____   _____   _____   _____

_____   _____   _____   _____   _____

_____ _____ _____

_____ _____ _____

(5) 朗读句子　Read aloud the following sentences
① Zhāng Róng tóngxué zài Shěnyáng.
② Sūn Méng de àiren zài Chángshā.
③ Nín shēntǐ hǎo ma?
④ Xiǎo Huáng jīntiān hěn máng.
⑤ Chéng xiānsheng kàn zhè běn shū.

第四部分
Part 4

本课学习一些特殊的语音。

In this lesson, we are going to learn some special phonetics.

一、三个特殊韵母：-i[ʅ]、-i[ɿ]、er
The three special finals: -i[ʅ], -i[ɿ] and er

-i [ʅ] 是跟在 zh、ch、sh、r 后面的舌尖元音，只出现在 zhi、chi、shi、ri 四个音节中，它不单独发音，而是它前面的声母 zh、ch、sh、r 的摩擦成分变为浊音后的延长。

"-i [ʅ]" is a vowel of tip of tongue usually attached to the initials "zh、ch、sh、r" and only in the four syllables of "zhi、chi、shi、ri". It does not pronounce alone. It is a voiced sound extension pronounced together with the initials of "zh、ch、sh、r" after they make friction.

-i [ɿ] 是跟在 z、c、s 后面的舌尖元音，只出现在 zi、ci、si 三个音节中，它不单独发音，而是它前面的声母 z、c、s 的摩擦成分变为浊音后的延长。

"-i [ɿ]" is a vowel of tip of tongue usually attached to the initials "z、c、s" and only in the three syllables of "zi、ci、si". It does not pronounce alone. It is a voiced sound extension pronounced together with the initials of "z、c、s" after they make friction.

er [ər] 开口度中等，舌位居中，唇不圆，在发 e [ə] 时，舌尖向硬腭卷起。r 只表示卷舌，所以 er 仍是单韵母。

When pronouncing "er [ər]", keep your mouth open in moderation, and place the tongue in the middle, and your lips not round and when pronouncing "e [ə]", keep your tongue to the hard palate and roll up. The "r" in this final only indicates the sound of retroflex and therefore "er [ər]" is still a monophthongal final.

二、声调的变化　　The change of tones

1. 第三声的变化　　The change of the 3rd tone

汉语普通话的四个声调中，第三声由于调值很低（211），其实际读音在某些情况下会发生改变，即出现变调或变读现象。

Among the four tones in Mandarin, the 3rd tone changes in actual practice of usage due to its low-value of tone (211), or the change of tone or the change of reading.

（1）变调：当两个第三声音节连读时，前面一个第三声音节由低调改变为升调（35），即 211→35，也就是由第三声变为第二声，例如：你好（nǐ hǎo → ní hǎo）。见图二：

The change of tone: When a 3rd tone is followed by another 3rd tone, the first 3rd tone is changed to rising tone (35) due to its low-value, that is to say, 211→35, the 3rd tone pronounced as a 2nd tone. E.g. 你好（nǐ hǎo → ní hǎo）。See Graph 2.

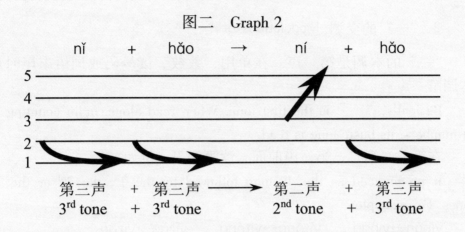

图二　Graph 2

（2）变读：第三声音节单念时，发音的最后部分常常自然上升，读成低升调（调值一般为214），即211→214。第三声音节在词语或句子末尾，后面有停顿时，有时也会这样变读。

The change of Reading: When a syllable of 3rd tone is pronounced alone, the last part of the tone usually rises, and pronounced as low-rising tone, (the value of the tone usually is 214), that is to say, 211→214. When the syllable of the 3rd tone is at the end of a phrase or a sentence and there is a pause after, it will sometimes be pronounced as the same.

2．轻声　the neutral tone

轻声是指在汉语普通话四个声调之外，读得很短、很轻的调子，其调值不确定，拼写时不标调号。轻声音节一般原本具有四个声调之一，但位于其他音节后时失去原调值，变成又短又轻的调子；也有极少数音节原本就读轻声。

Neutral tone is a tone not in the four tones in Mandarin. It is a tone of light and short and a tone mark is usually not marked in spelling because its value of tone is vague. The Neutral tone syllable originally has a certain tone but the losing of the value of the tone of the syllable causes the change of tone light and short. And there are also a few syllables originally pronounce lightly.

3. "一"的变调 Modulations of "一"

"一"的本调是第一声。在单用、数数、读号码或词语末尾时用本调第一声。

Basically, "一" is the first tone. When read alone, or in counting or in numbers, its basic tone is read.

在第一、第二、第三声前面，读第四声。例如：

It pronounced as the 4th tone followed by the 1st, the 2nd or the 3rd tones. For example:

  yībān→yìbān yītóng→yìtóng yīzǎo→yìzǎo

在第四声前面，读第二声。例如：

It pronounced as the 2nd tone followed by the 4th tone. For example:

  yīzài→yízài yīqiè→yíqiè yīshùn→yíshùn

在重叠的单音节动词中间，读轻声。例如：

It pronounced as a neutral tone in the middle of geminated single-syllable verbs. For example:

  shuō yi shuō cháng yi cháng jiǎng yi jiǎng

4. "不"的变调 Modulations of "不"

"不"的本调是第四声，但是在另一个第四声音节前面时，应该读成第二声。例如：

The basic tone for "不" is the 4th tone. It changes into the 2nd tone when it is immediately followed by another 4th tone syllable. For example:

  bùcuò→búcuò bùdàng→búdàng bù qù→bú qù

夹在词语中间时读轻声。例如：

It must be read with a neutral tones when it is between two words. For example:

  chī bu chī lái bu lái xiǎng bu xiǎng kàn bu kàn

三、儿化　Retroflexion

儿化是一个音节的韵母和卷舌元音 er（-r）结合成一个带卷舌动作的韵母（注意不要读成两个音节）。该音节叫儿化音节。拼写时在原音节后加"r"（汉字用"儿"表示）。实际读音因 er 前韵母的不同分为五类：音节末尾是 a、o、e、u 的，直接卷舌；复韵母韵尾是 i 和 n 时，它们不发音，而是它们前面的元音加卷舌；韵母是 i、ü 的，后加[ər]；韵母是 -i [ʅ]、-i [ɿ] 的，改读[ər]；韵尾是 -ng 的，不发音，而是前面的元音带鼻音并卷舌。

Retroflexion is that the vowel "er (-r)" sometimes attached to a final of a syllable to form a retroflex final (do not read them separately). In writing this syllable, "r" is added to the original syllable to stand for the retroflex final ("儿" is added in writing characters). "er", in actual pronunciation, due to the different finals before it, the pronounciation can be divided into five categories: when one of "a, o, e, u" is at the end of the syllable, directly roll up your tongue; when "i" or "n" attached to a diphthong, they does not pronounce, but "r" is added to the vowel before them; when the final is "i" or "ü", we add [ər]; when the final is "-i[ʅ]" or "-i [ɿ]", it is read [ər]; when "-ng" is at the end, it does not pronunce, but the vowel before is pronounced as a nasal sound and roll up your tongue.

部分儿化有区别词义和词性等作用。例如：

Some of the retroflex finals can differentiate meanings and parts of speech. For example:

　　画（huà, to draw, v.）——画儿（huàr, picture, n.）

　　尖（jiān, sharp, a.）——尖儿（jiānr, tip, n.）

四、练习　Practice

1. 三个特殊韵母：-i[ʅ]、-i[ɿ]、er
The three special finals: -i[ʅ], -i[ɿ] and er

(1) -i[ʅ] 的拼读　The way to pronounce "-i[ʅ]"

zhī　　chī　　shī　　rī　　zhí　　chí　　shí
zhǐ　　chǐ　　shǐ　　zhì　　chì　　shì　　rì
zhīchí　shízhì　rìshí　shīzhí　chīshí
zhírì　zhǐshì　chízhì　shìzhí　zhìshǐ

(2) -i[ɿ] 的拼读　The way to pronounce "-i[ɿ]"

zī　　cī　　sī　　cí
zǐ　　cǐ　　sǐ　　zì　　cì　　sì
cìzì　zīsī　sǐcí　sīzì　zǐsì

(3) -i[ʅ]、-i[ɿ] 的辨别　Distinguish "-i[ʅ]、-i[ɿ]"

zhìcí　sǐshī　cǐzhì　sīzhī　chìzì
císhì　zhīchǐ　cǐshí　shīzī　zìzhǐ
zìzhì　shísì　shìcí　zǐshí　sìchī

(4) er 的练习　Practice "er"

ēr　　ér　　ěr　　èr
érgē　érhuà　érlì　érnǚ　érqiě　értóng　érzi
ěrbiān　ěrhuán　ěrjī　ěrmíng　ěrrè　ěrduo
èrbǎi　èrchuán　èrhú　èrlóu　èrshǒu　shí'èr

2. 第三声的变化　The change of 3rd tones

(1) 两个第三声连读，前一个变调，读为二声（211→35）。
When a 3rd tone is followed by another 3rd tone, the first 3rd tone is pronounced as 2nd tone (211→35).

měihǎo → méihǎo　　　　liǎngběn → liángběn
guǎngchǎng → guángchǎng　　mǔnǚ → múnǚ
lǎobǎn → láobǎn　　　　shǒubiǎo → shóubiǎo

zhǎnlǎn → zhánlǎn   líxiǎng → líxiǎng
bǎoxiǎnsuǒ → báoxiánsuǒ   xǐliǎnshuǐ → xíliánshuǐ

(2) 第三声单念或在停顿前，尾部可升高（211→214）。
When the 3rd tone is read alone or there is a pause after, it can be pronounced as a low-rising tone（211→214）.

lǎo dǒng hěn jǐ kǔ nǚ zuǒ nǎr
Hànyǔ cháshuǐ píjiǔ rénkǒu gēshǒu

① Tā bù dǒng.
② Jīntiān hěn lěng.
③ Zhè shì tīnglì kèběn.
④ Zhāng xiānsheng qù túshūguǎn.

3. 轻声练习 Neutral tone practice

(1) 第一声 + 轻声   the 1st tone + neutral tone
chīde māma tīngting zhuōzi tāmen
shānshang bāge chūqu xiūxi
shāngliang gānjing dōngxi yīfu

(2) 第二声 + 轻声   the 2nd tone + neutral tone
láile xuéxue mántou pánzi shénme
yéye qiánbian tíngzhe nálai piányi
liángkuai róngyi míngbai qiángshang

(3) 第三声 + 轻声   the 3rd tone + neutral tone
hǎode nǎinai mǎimai gǔtou nǐmen
zuǒbian zǎoshang běnzi jiǎngjiu
nuǎnhuo xǐhuan yǐzi yǎnjing ěrduo

(4) 第四声 + 轻声   the 4th tone + neutral tone
dàde bàba xièxie tàitai màozi
mùtou shàngmian zuòxia jìnlai kèqi
shìqing dàifu dìfang piàoliang

(5) 朗读句子 Read aloud the following sentences

① Dìdi de péngyou lái le ma?

② Sǎozi shì gēge de àiren.

③ Tóngxuémen gāoxìng de pǎo chuqu le.

④ Nǐ ná de shénme dōngxi?

⑤ Dàifu kèqi de gàosule tā shūshu.

4. "一"的变调 Modulations of "一"

yìbān	yìbiān	yì zhāng	yìshēn	yìxīn
yìqí	yìtóng	yì tuán	yìzhí	yìxíng
yìqǐ	yìtǐ	yìjǔ	yìzǎo	yì zhǒng
yígòng	yídìng	yíxiàn	yíyàng	yíwèi
tīng yi tīng	shuō yi shuō	dú yi dú	xiě yi xiě	kàn yi kàn

5. "不"的变调 Modulations of "不"

búbì   búdàn   búcè   búduàn   búduì
búdìng bújìn   búguò   búgòu   búshàn
lèi bu lèi   qù bu qù   chī bu chī
zǒu bu zǒu   néng bu néng   huì bu huì

6. 儿化练习 Retroflex practice

(1) a /o /e /u + er：

huār   dár   nǎr   bàr   guōr   huǒr   cuòr
chēr   gér   zhèr   tōur   lúr   dǔr   qiúr

(2) ai /ei /ui /an /en /in /un + er：

dàir   páir   bèir   shuǐr   gānr   niánr   běnr
xìnr   gùnr

xiǎoháir   tángkuàir   mōhēir
mùguìr   gōngyuánr   kāiguānr   shǒujuànr   yàgēnr
yóuménr   shùlínr   bǐxīnr   dǎdǔnr   miáozhǔnr

(3) i / ü + er：
jīr pír tír dìr lǐr xūr lǘr nǚr qùr

(4) -i [ɿ] / -i [ʅ] + er：
zhīr chǐr shír zhǐr shìr
sīr cír zǐr sìr cìr zìr

(5) -ng + er：
tāngr mángr sǎngr gāngr kēngr shēngr
péngr dèngr fèngr qiāngr liàngr xiǎngr
dīngr píngr jǐngr mìngr guāngr kuàngr
xióngr róngr lǒngr kòngr zhǒngr tǒngr

第五部分
Part 5

本课学习汉语普通话音节的拼写规则，复习汉语拼音的全部内容。

In this lesson, we are going to learn rules of spelling syllables in Mandarin and generally review Chinese *Pinyin*.

一、拼写规则 Rules of spelling syllables

1. 由 i 或 ü 开头的韵母前没有声母时，前面加 y，ü 上的两点不写。如：

If there are not initials before finals beginning with "i" or "ü", we should put "y" before them and do not write the two dots over the "ü". For example:

i→yi   in→yin   ing→ying
ü→yu   üe→yue   üan→yuan   ün→yun

2. 由 i 开头的复韵母前没有声母时，i 改写为 y。如：

"i" is changed to "y" when there are no initials before diphthongal finals beginning with "i". For example:

  ia→ya iao→yao ie→ye iou→you

  ian→yan iang→yang iong→yong

3. 由 ü 开头的韵母与声母 j、q、x 相拼时，ü 上的两点不写。如：

When the finals beginning with "ü" are spelled with "j、q、x", the two dots over the "ü" are usually not written. For example:

  jü→ju jüe→jue qü→qu qün→qun

  xü→xu xüan→xuan

4. 由 u 开头的韵母前没有声母时，单韵母前面加 w；复韵母把 u 改写为 w。如：

When a syllable beginning with "u" and there are no initials before it, "w" is added to the monophthongal final; "u" is changed to "w" when there are no initials before a diphthongal final. For example:

  u→wu ua→wa uo→wo uai→wai uei→wei

  uan→wan uen→wen uang→wang ueng→weng

5. iou、uei、uen 前面有声母时，写成 iu、ui、un。如：

When there are initials before "iou、uei、uen", "iou、uei、uen" are written as "iu、ui、un". For example:

  n + iou→niu d + uei→dui h + uen→hun

6. 隔音符号 Separating mark

a、o、e 开头的音节连接在其他音节后面时，如果音节之间界限不清楚，要用隔音符号（'）分开。如：

When syllables beginning with "a、o、e" follow after other syllables, they are separated by separating mark ('). For example:

  piao → pí'ǎo（皮袄）

  muou → mù'ǒu（木偶）

jie → jī'è （饥饿）

7. 音节书写　The way of writing syllables

一个词如果有两个或多个音节，拼音要连写；词与词之间要分开写。句子开头的字母和专用名词的第一个字母要大写。如：

If there are two or more syllables in a word, the *Pinyin* of the word should be written together as one unit and the *Pinyin* between words should be separated. The initial letter of a sentence or a proper name should be capitalized. For example:

(1) Nǐmen shì liúxuéshēng ma?
    你们是留学生吗?

(2) Wǒ lái Zhōngguó xuéxí Hànyǔ.
    我来中国学习汉语。

二、复习　Revision

1. 声韵母拼合　Collocation of initials and finals

下面的《普通话音节声韵配合表》（表六），给出了汉语普通话的音节。按照该表先分别朗读声母和韵母，再将它们拼合起来朗读。

The syllables of Mandarin are given in following *The Chart of Collocation of Initials and Finals* (Chart 6). Read initials and finals separately first and then link them together and read.

表六 普通话音节声韵配合表
Chart 6: The Chart of Collocation of Initials and Finals

(一)

	-i	a	o	e	ai	ei	ao	ou	an	en	ang	eng	er
b		ba	bo		bai	bei	bao		ban	ben	bang	beng	
p		pa	po		pai	pei	pao	pou	pan	pen	pang	peng	
m		ma	mo	me	mai	mei	mao	mou	man	men	mang	meng	
f		fa	fo			fei		fou	fan	fen	fang	feng	
d		da		de	dai	dei	dao	dou	dan	den	dang	deng	
t		ta		te	tai		tao	tou	tan		tang	teng	
n		na		ne	nai	nei	nao	nou	nan	nen	nang	neng	
l		la		le	lai	lei	lao	lou	lan		lang	leng	
g		ga		ge	gai	gei	gao	gou	gan	gen	gang	geng	
k		ka		ke	kai	kei	kao	kou	kan	ken	kang	keng	
h		ha		he	hai	hei	hao	hou	han	hen	hang	heng	
zh	zhi	zha		zhe	zhai	zhei	zhao	zhou	zhan	zhen	zhang	zheng	
ch	chi	cha		che	chai		chao	chou	chan	chen	chang	cheng	
sh	shi	sha		she	shai	shei	shao	shou	shan	shen	shang	sheng	
r	ri			re			rao	rou	ran	ren	rang	reng	
z	zi	za		ze	zai	zei	zao	zou	zan	zen	zang	zeng	
c	ci	ca		ce	cai	cei	cao	cou	can	cen	cang	ceng	
s	si	sa		se	sai		sao	sou	san	sen	sang	seng	
		a	o	e	ai	ei	ao	ou	an	en	ang	eng	er

(二)

	i	ia	ie	iao	iu	ian	in	iang	ing	iong	ü	üe	üan	ün
b	bi		bie	biao		bian	bin		bing					
p	pi		pie	piao		pian	pin		ping					
m	mi		mie	miao	miu	mian	min		ming					
d	di		die	diao	diu	dian			ding					
t	ti		tie	tiao		tian			ting					
n	ni		nie	niao	niu	nian	nin	niang	ning		nü	nüe		
l	li	lia	lie	liao	liu	lian	lin	liang	ling		lü	lüe		
j	ji	jia	jie	jiao	jiu	jian	jin	jiang	jing	jiong	ju	jue	juan	jun
q	qi	qia	qie	qiao	qiu	qian	qin	qiang	qing	qiong	qu	que	quan	qun
x	xi	xia	xie	xiao	xiu	xian	xin	xiang	xing	xiong	xu	xue	xuan	xun
	yi	ya	ye	yao	you	yan	yin	yang	ying	yong	yu	yue	yuan	yun

（三）

	u	ua	uo	uai	ui	uan	un	uang	ueng	ong
b	bu									
p	pu									
m	mu									
f	fu									
d	du		duo		dui	duan	dun			dong
t	tu		tuo		tui	tuan	tun			tong
n	nu		nuo			nuan				nong
l	lu		luo			luan	lun			long
g	gu	gua	guo	guai	gui	guan	gun	guang		gong
k	ku	kua	kuo	kuai	kui	kuan	kun	kuang		kong
h	hu	hua	huo	huai	hui	huan	hun	huang		hong
zh	zhu	zhua	zhuo	zhuai	zhui	zhuan	zhun	zhuang		zhong
ch	chu	chua	chuo	chuai	chui	chuan	chun	chuang		chong
sh	shu	shua	shuo	shuai	shui	shuan	shun	shuang		
r	ru		ruo		rui	ruan	run			rong
z	zu		zuo		zui	zuan	zun			zong
c	cu		cuo		cui	cuan	cun			cong
s	su		suo		sui	suan	sun			song
	wu	wa	wo	wai	wei	wan	wen	wang	weng	

2. 声韵母辨别　Distinguish the initials and finals

(1) 辨别声母　Distinguish the following initials

biān–piān　　fó–huó　　dūn–tūn　　mí–ní

guī–kuī　　nǔ–lǔ　　hòu–gòu　　jué–qué

féi–méi　　xuè–nüè　　fū–tū　　dǔ–nǔ

zhāi–chāi　　zhěn–zěn　　sù–shù　　jiāo–zhāo

xiū–shōu　　rǎn–shǎn　　qūn–chūn

chuāng–shuāng　　réng–léng

zhìcí　shīzī　cìshǐ　sīzhī　shísì

chìzì　shìcí　zìzhì　zhíchǐ　zǐshí

(2) 辨别韵母　Distinguish the following finals

bā–bō　　lǐ–lǚ　　má–mí　　pái–pá

bò–bù　　nǔ–nǚ　　jiù–jìn　　dé–duó

gěi–guǐ   kuà–kuò   hái–huái   xiē–xuē
diāo–diū   miào–miè   liǎ–liě   bāi–bāo
móu–miù   tēi–tāi   kuài–kuì   dāo–diāo
zhěn–zhǔn   chuān–chuāng sān–suān xīn–xūn
qióng–qíng sēng–sōng   rǎn–rǎng   shěn–shěng
bīn–bīng   qián–qiáng líng–lóng   náng–néng
xiān–xiāng mín–mián   jiān–jiā   dàng–dàn

3. 声调练习 Practice the following tones

(1) 声调辨别 Distinguish the following tones

bǎ–bā   dà–dá   pǒ–pò   mǐ–mí
lǜ–lǘ   mó–mō   nǐ–nì   pì–pí

bīpò   tǔdì   fúlì   zhuōzi   dìtú
tèpī   máfan   fāfú   bàoxiāo míngzi
kuīsǔn   huāyuán xuéyè   chuānghu
cuōtuó   fùqin   zǒngjié wǒmen
shàncháng rènshi fēiyuè   liúlì

(2) 第三声朗读 Read aloud the following 3rd tones

shǒudū   pǔtōng   yǐjīng   hǎochī
mǔqin   lǚxíng   gǎnjué   běnlái
yǔyán   qǐlai   hǎojiǔ   biǎoyǎn
lěngshuǐ zhǎnlǎn xiǎojie nǔlì
zǒngsuàn kěshì   gǎibiàn běnshi

4. 朗读句子 Read aloud the following sentences

(1) A: Nǐ hǎo! Nǐ shì liúxuéshēng ma?
    B: Shì de. Wǒ shì xīn tóngxué.
    A: Nǐ shì nǎ guó rén?
    B: Wǒ shì Rìběnrén. Nǐ ne?

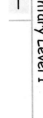

A: Wǒ shì Měiguórén, shì lǎo tóngxué.

B: Qǐng duō guānzhào.

A: Bú kèqi.

(2) A: Zǎoshang hǎo.

B: Nǐ zǎo.

A: Nǐ jiào shénme míngzi?

B: Wǒ jiào Shānběn Xìnyī.

A: Wèn yíxiàr, zhè shì nǐ de shū ma?

B: Bú shì, wǒ de zài zhèr.

听写练习录音文本
Script of the dictation

第一部分　Part 1

á	è	bí	dī	nà	pó	tā
lú	bǔ	mō	dìtú	tǐlì	fùdú	
mìbì	nǔpú	fānù	lèdé	pífū		

第二部分　Part 2

pái	lèi	duī	nào	móu
xiā	tiào	duó	quē	jiù
huí	biè	mǎimài	tuìxué	hǎoduō
guīlǜ	kuàilái	tuìxiū	diàoqiáo	

第三部分　Part 3

chán	zhèng	sōng	zàng	róng
cān	zhuàng	shēn	cùn	chóng
rènzhēn	sǎnzhuāng	shàngchéng		
zǒngsuàn	zhēncáng	zhǎngsūn		

第1课 Lesson 1

Nǐmen hǎo
你们好
How are you?

目标汉语·基础篇 I
Go for Chinese·Elementary Level 1

一 课文 Text

Zài lù shang
(一) 在 路 上 On the way

爱 米： 早上 好，美英。
　　　　Zǎoshang hǎo, Měiyīng.

金美英： 你 好，爱米。
　　　　Nǐ hǎo, Àimǐ.

丁 文： 你们 好！
　　　　Nǐmen hǎo!

爱 米：
金美英： 您 好！
　　　　Nín hǎo!

Zài jiàoshì, Dīng lǎoshī shǔ rénshù
（二）在 教室，丁 老师 数 人数
Professor Ding rollcalling in the classrom

第 1 课 你们好
Lesson 1 How are you?

丁 文： 一、二、三、四、五、六、七、八、九、十……
　　　　 Yī、 èr、 sān、 sì、 wǔ、 liù、 qī、 bā、 jiǔ、 shí……

　　　　 同 学们 好。
　　　　 Tóngxuémen hǎo.

同学们： 老师 好。
　　　　 Lǎoshī hǎo.

丁 文： 我 是 丁 文。你 是……
　　　　 Wǒ shì Dīng Wén. Nǐ shì……

金美英： 你们 好，我 是 金 美英，韩 国人。
　　　　 Nǐmen hǎo, wǒ shì Jīn Měiyīng, Hánguórén.

山 本： 我 是 山本 信一,日本人。
　　　　 Wǒ shì Shānběn Xìnyī, Rìběnrén.

33

(三) 金美英来爱米的房间
Jīn Měiyīng lái Àimǐ de fángjiān
Jin Meiying in Aimi's room

爱 米: 美英，下午好。
　　　 Měiyīng, xiàwǔ hǎo.

金美英: 你好,这是你的书吗?
　　　 Nǐ hǎo, zhè shì nǐ de shū ma?

爱 米: 是,这是我的书。
　　　 Shì, zhè shì wǒ de shū.

金美英: 这笔是你的吗?
　　　 Zhè bǐ shì nǐ de ma?

爱 米: 不是,这笔不是我的。
　　　 Bú shì, zhè bǐ bú shì wǒ de.

二 常用句　Useful sentences

1. 你好。

2. 早上好。

3. 我是金美英，韩国人。

4. 这是你的书吗？

5. 这笔不是我的。

三 生 词　New words

1. 你们	nǐmen	（代）	you (plural)
你	nǐ	（代）	you (single)
们	men	（尾）	plural for pronouns and human nouns
2. 好	hǎo	（形）	good; fine
3. 早上	zǎoshang	（名）	morning
4. 您	nín	（代）	you (polite singular)
5. 一	yī	（数）	one
6. 二	èr	（数）	two
7. 三	sān	（数）	three
8. 四	sì	（数）	four
9. 五	wǔ	（数）	five
10. 六	liù	（数）	six
11. 七	qī	（数）	seven

第 1 课　你们好　Lesson 1　How are you?

12.	八	bā	(数)	eight
13.	九	jiǔ	(数)	nine
14.	十	shí	(数)	ten
15.	同学	tóngxué	(名)	classmate
16.	老师	lǎoshī	(名)	teacher
17.	我	wǒ	(代)	I; me
	我们	wǒmen	(代)	we; us
18.	是	shì	(动)	to be
19.	人	rén	(名)	people
20.	下午	xiàwǔ	(名)	afternoon
21.	这	zhè	(代)	this
22.	的	de	(助)	a structural auxiliary used after an attribute
23.	书	shū	(名)	book
24.	吗	ma	(助)	used at the end of a question sentence
25.	笔	bǐ	(名)	pen; pencil
26.	不	bù	(副)	not; no
27.	他	tā	(代)	he; him
	他们	tāmen	(代)	they; them (male)
28.	她	tā	(代)	she; her
	她们	tāmen	(代)	they; them (female)
29.	晚上	wǎnshang	(名)	evening; night
30.	中午	zhōngwǔ	(名)	noon
31.	上午	shàngwǔ	(名)	morning

32. 桌子	zhuōzi	（名）	table; desk
33. 教室	jiàoshì	（名）	classroom
34. 本子	běnzi	（名）	notebook

专　名　Proper nouns

1. 爱米	Àimǐ	name of a person
2. 金美英	Jīn Měiyīng	name of a person
3. 丁文	Dīng Wén	name of a person
4. 韩国	Hánguó	Korea
5. 山本信一	Shānběn Xìnyī	name of a person
6. 日本	Rìběn	Japan

四　语言点　Language points

（一）基本句　Basic sentence patterns

1. "是"字句（1）　Sentence pattern of "是"（1）

表示陈述、介绍。句式：

Sentence pattern of "是" indicates statement and introduction. Sentence structure:

主语　+　是　+　宾语。
subject　+　是　+　object

（1）我　是　金美英。
（2）这　是　爱米的书。
（3）我　是　日本人。

▲ 用"不"否定。例如：

Inserting "不" to fulfill the negation of a statement. For example:

(4) 这不是我的笔。

(5) 他不是丁老师，他是金老师。

2. 用"吗"的是非问句　Yes/no questions with "吗"

"吗"表示疑问语气，用于陈述句末，构成是非问句。它要求对方作肯定或否定的回答。句式：

Inserting "吗" at the end of the sentence to fulfill yes/no interrogation, which demands the listener to answer the question with positive or negative word yes/no. Sentence structure:

> 主语 + 是 + 宾语 + 吗？
> subject + 是 + object + 吗？

(1) 金美英：这是你的书吗？
　　爱　米：是。（这是我的书）

(2) 金美英：这是你的笔吗？
　　爱　米：不是。（这不是我的笔）

（二）词语用法　Usages of words and phrases

结构助词"的"　Structural auxiliary "的"

"的"用法较多，用于名词、代词等后边时，表示领属和限定。例如：

"的" can be used in many ways. When used after a noun or a pronoun, it indicates possession or prescription. For example:

她的书　　　　你们的老师

五 操练与交际　Practice and communication

（一）读音节，注意辨别声母
Read the following syllables and pay attention to distinguish the inatials

bǐ—pǐ	nǐ—mǐ	tā—dā
bù—pù	nín—lín	jī—qī
shì—xì	wáng—huáng	shū—zhū
shí—sì	hǎo—kǎo	shàng—xiàng
sān—shān	bā—pā	liù—niù
Rìběn—yìběn	lǎoshī—lǎoxī	wǎnshang–mǎnshang

（二）读音节，注意辨别韵母
Read the following syllables and pay attention to distinguish the finals

rén—réng	nǐ—nǚ	xué—xié
yīng—yīn	tóng—téng	shān—shāng
guó—gé	wáng—wán	jiāo–jiǔ

（三）音节连读，注意声调变化
Read the following syllables in succession and pay attention to the change of tones

xiàwǔ hǎo	zǎoshang hǎo	wǎnshang hǎo
nǐ hǎo	nǐmen hǎo	nín hǎo
tóngxuémen hǎo	lǎoshī hǎo	tā de bǐ
wǒ de zhuōzi	nǐ de běnzi	nǐmen de lǎoshī

Zhè běnzi shì nǐ de ma?　　Nǐ shì Hánguórén ma?

Wǒ bú shì Rìběnrén.　　Zhè bú shì wǒmen de jiàoshì.

(四) 音节连读，注意三声和"不"的声调变化

Read the following syllables in succession and pay attention to the third tones and the changes of tones of the word "不"

nǐ hǎo	nǐ zǎo	xiàwǔ hǎo	wǒ xiǎng
kěyǐ	fěnbǐ	Fǎyǔ	shǒubiǎo
bù chī	bù hē	bù shuō	bù xiāng
bù xíng	bù lái	bù dú	bù máng
bù guǎn	bù mǎn	bù dǒng	bù yuǎn
bú shì	bú qù	bú xiàng	bú mài

(五) 音节连读，注意轻声

Read the following syllables in succession and pay attention to the neutral tones

nǐmen	wǒmen	tāmen	tóngxuémen	lǎoshīmen
zǎoshang	wǎnshang	lùshang	ménshang	qiángshang
Àimǐ de	Shānběn de	Dànèi de	Jīn Měiyīng de	yéye de

(六) 读词语并写出拼音

Read the following words and write the *Pinyin*

你 _____   我 _____   她 _____

的 _____   笔 _____   书 _____

老师 _____ 同学 _____ 早上 _____

下午 _____ 晚上 _____ 中午 _____

(七) 句子替换　　Sentence substitution

1

下午	老师
晚上	你们
上午	同学们

<u>早上</u>好。

2

爱米	桌子
老师	笔
山本	书
你们	教室
金美英	同学

<u>我</u>的<u>本子</u>。

3

爱米	桌子
老师	笔
山本	书
你们	教室
金美英	同学

A：这是你的<u>书</u>吗？
B：是，这是<u>我</u>的<u>书</u>。
　（不是，这不是<u>我</u>的<u>书</u>。）

(八) 对下列问句先做否定回答，再做肯定回答
Answer the following questions first with 不 and then with 是

例：A：这是你的书吗？
　　B：不是，这是山本的书。

1. 这是你们的教室吗？

第1课　你们好　Lesson 1　How are you?

41

2. 这是山本的桌子吗？

　　_____

3. 你是韩国人吗？

　　_____

4. 金美英是日本人吗？

　　_____

5. 您是丁老师吗？

　　_____

（九）完成会话　Complete the following conversations

1. A：_____
   B：同学们好。

2. A：早上好。
   B：_____

3. A：我是金美英，韩国人。
   B：_____

4. A：这是你的笔吗？
   B：_____

（十）交际　Role play

1. 同学之间打招呼。

   Say hello to each other or one another among the students.

2. 同学之间简单介绍。

   Brief self introduction to your classmate.

Nǐmen bān yǒu duōshao xuésheng
你们班有多少学生

How many students are there in your class?

第 2 课
Lesson 2

Zài sùshè
（一）在 宿舍 In the dormitory

玛丽亚：你们班有多少学生？
　　　　Nǐmen bān yǒu duōshao xuésheng?

爱　米：我们班有二十个学生。
　　　　Wǒmen bān yǒu èrshí ge xuésheng.

玛丽亚：几个国家的？
　　　　Jǐ ge guójiā de?

爱　米：五个国家，韩国、日本、俄罗斯、美国和英国。
　　　　Wǔ ge guójiā, Hánguó、Rìběn、 Éluósī、 Měiguó hé Yīngguó.

玛丽亚：你们有什么课？
　　　　Nǐmen yǒu shénme kè?

爱　米：基础汉语和听力。
　　　　Jīchǔ Hànyǔ hé tīnglì.

玛丽亚：有口语吗？
　　　　Yǒu kǒuyǔ ma?

爱　米：没有。
　　　　Méiyǒu.

Wǎnshan zài shítáng
（二）晚上在食堂
In the dining hall in the evening

山　本：你家有多少人？
　　　　Nǐ jiā yǒu duōshao rén?

孙　明：对吗？
　　　　Duì ma?

山　本：对不起，你家有几口人？
　　　　Duìbuqǐ,　nǐ　jiā　yǒu　jǐ　kǒu　rén?

孙　明：我 家 有 四 口 人，爸爸、妈妈、哥哥 和 我。你 家 有
　　　　Wǒ jiā yǒu sì kǒu rén, bàba、māma、gēge hé wǒ. Nǐ jiā yǒu

　　　　几 口 人？
　　　　jǐ kǒu rén?

山　本：我 家 有 五 口 人，爸爸、妈妈、姐姐、弟弟 和 我。
　　　　Wǒ jiā yǒu wǔ kǒu rén, bàba、māma、jiějie、dìdi hé wǒ.

二 常用句　Useful sentences

1. 你们班有多少学生？

2. 我们班有二十个学生。

3. 你们有什么课？

4. 你家有几口人？

5. 我家有五口人，爸爸、妈妈、姐姐、弟弟和我。

三 生 词　New words

1.	班	bān	（名）	class
2.	有	yǒu	（动）	have
3.	多少	duōshao	（代）	how much; how many
4.	学生	xuésheng	（名）	student
5.	个	gè	（量）	a general measure word
6.	几	jǐ	（数）	how many; how much
7.	国家	guójiā	（名）	country

第 2 课　你们班有多少学生
Lesson 2　How many students are there in your class?

45

	国	guó	（名）	country
8.	和	hé	（连）	and
9.	什么	shénme	（代）	what
10.	课	kè	（名）	course; class
11.	基础	jīchǔ	（名）	base; foundation
12.	听力	tīnglì	（名）	hearing; listening
13.	口语	kǒuyǔ	（名）	spoken language
14.	没	méi	（副）	there is not; not have
15.	家	jiā	（名）	family
16.	对	duì	（形）	right; correct
17.	对不起	duìbuqǐ		sorry
18.	口	kǒu	（量）	measure word used in family
19.	爸爸	bàba	（名）	dad
20.	妈妈	māma	（名）	mum
21.	哥哥	gēge	（名）	elder brother
22.	姐姐	jiějie	（名）	elder sister
23.	弟弟	dìdi	（名）	younger brother

专名 Proper nouns

1.	玛丽亚	Mǎlìyà	name of a person
2.	俄罗斯	Éluósī	Russia
3.	美国	Měiguó	USA
4.	英国	Yīngguó	UK
5.	汉语	Hànyǔ	Chinese
6.	孙明	Sūn Míng	name of a person
7.	英语	Yīngyǔ	English

四 语言点　Language points

（一）基本句　Basic sentence patterns

"有"字句（1）　"有"-sentence（1）

表示拥有。句式：

"有"-sentence indicates possession. Sentence structure:

名	+ 有 +	数	+ 量	+ 名
noun	+ 有 +	numeral	+ measure	+ noun

（1）玛丽亚：你们班有多少学生？
　　爱　米：我们班有二十个学生。

（2）你家有几口人？

▲否定用"没"，不能用"不"。否定时表示某物不存在，不能再用数量词语。例如：

In negative sentences, "没" instead of "不" is used before the object and no numerals can be used before the object to indicate that sth. or sb. does not exist. For exemple:

（3）孙明有一个哥哥，没有姐姐。

（4）山本没有哥哥，有一个姐姐。

（5）×我不有口语课。

（6）×他没有一个哥哥。

（二）词语用法　Usages of words and phrases

1. "几"和"多少"　The usage of the "几" and "多少"

都可以问数量。"几"问的数量限于10以内，超过10，一般用"多少"；用"几"时要用量词，用"多少"时可以不用量词。例如：

"几" and "多少" can be used to ask about numbers. "几" is ususlaly used to ask about the numbers below ten, otherwise, "多少" is usally used. And if "几" is used, a measure word often follows immdiately, while there is no such limitations to "多少". For example:

（1）你家有几口人？（×你家有几人？）

（2）你们班有多少（个）学生？

2. 两位数的读法　How to read numbers from 11 to 99

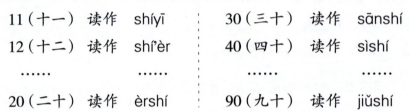

五 操练与交际　Practice and communication

（一）读音节，注意辨别声母

Read the following syllables and pay attention to distinguish the inatials

bān—pān　　duì—tuì　　kǒu—gǒu　　xiè—jiè
hé—gé　　　jǐ—qǐ　　　kè-hè

（二）读音节，注意辨别韵母

Read the following syllables and pay attention to distinguish the finals

yǒu—yǎo　　　　búyòng—búyìng　　gēge—guōguo
duōshao—dōushuō　jīchǔ—jūshù　　　xuésheng—xiěshēng

（三）音节连读，注意声调变化

Read the following syllables in succession and pay attention to the change of tones

yǒu kè   yǒu dìdi   yǒu kǒuyǔ   yǒu běnzi

duōshao rén   duōshao shū   duōshao xuésheng duōshao lǎoshī

duōshao bǐ   duōshao zhuōzi duōshao kè   duōshao guójiā

shénme kè   shénme shū   shénme rén   shénme jiàoshì

yí ge xuésheng   liǎng ge rén   sān ge tóngxué   sì ge guójiā

Yīngguó hé Měiguó   gēge hé jiějie

lǎoshī hé xuésheng   Hànyǔ hé kǒuyǔ

Wǒmen bān yǒu shíwǔ ge xuésheng.

Àimǐ jiā yǒu wǔ kǒu rén.

（四）音节连读，注意三声的声调变化

Read the following syllables in succession and pay attention to the changes of the third tones

kǒuyǔ   wǔ kǒu   jiǔ kǒu   yǒu jiějie   yǒu bǐ

（五）音节连读，注意轻声

Read the following syllables in succession and pay attention to the neutral tones

bàba   māma   gēge   jiějie   dìdi

duōshao   xuésheng   shénme   duìbuqǐ   jǐ ge

（六）读词语并写出拼音

Read the following words and write the *Pinyin*

班 _____   有 _____   国家 _____   和 _____   什么 _____
课 _____   基础 _____ 听力 _____   口语 _____ 爸 _____
妈 _____   哥 _____   弟 _____   姐 _____   谢谢 _____

(七) 句子替换　Sentence substitution

1

你们	老师	十一
你	本子	二十五
你们	教室	十六

A：你们班有多少学生？
B：我们班有二十个学生。

2

口语	听力
听力	基础汉语
英语	汉语

A：你们有什么课？
B：基础汉语和听力。

3

四	爸爸、妈妈、姐姐
五	爸爸、妈妈、姐姐、弟弟
六	爸爸、妈妈、哥哥、姐姐、弟弟

A：你家有几口人？
B：我家有三口人，
　　爸爸、妈妈和我。

(八) 对下列问句先做否定回答，再做肯定回答

Answer the following questions first with 没有 and then with 有

例：A: 你有口语课吗？
　　B: 没有，我有听力课。

1. 你有哥哥吗？

　_____

2. 山本有听力书吗？

　_____

3. 你有姐姐吗？

　_____

4. 你上午有课吗?
   _____

5. 你们班有俄罗斯学生吗?
   _____

(九) 完成会话　Complete the following conversations

1. A：你们班有多少学生?
   B：_____

2. A：你们班有英国人吗?
   B：_____，有_____个英国人。

3. A：你家有几口人?
   B：_____

(十) 交际　Role play

1. 互相询问班级人数和有什么课。
   Ask each other questions about how many students are there in your class and what classes do you have.

2. 看图说说家里有几口人。
   Tell each other how many peoples do you have in your family according to the picture.

3. 互相询问家里有几口人。
   Ask each other questions about how many peoples are there in your family.

51

第3课 Lesson 3

Nǎr yǒu Hàn-Hán cídiǎn
哪儿 有 汉韩 词典

Where can I find a Chinese-Korean dictionary?

一 课文 Text

（一）下课前 Xià kè qián Before class dismissal

丁 文： 谁 有 问题？
Shuí yǒu wèntí?

金美英： 老师，我 有 一 个 问题。
Lǎoshī, wǒ yǒu yí ge wèntí.

丁 文： 什么 问题？
Shénme wèntí?

金美英： 哪儿 有 汉 韩 词典？
Nǎr yǒu Hàn-Hán cídiǎn?

丁 文： 学校 的 书店 有。
Xuéxiào de shūdiàn yǒu.

(二) 在 书店 Zài shūdiàn In the bookstore

金美英: 请问，这儿有 Hán-Hàn 词典 吗?
Qǐngwèn, zhèr yǒu cídiǎn ma?

营业员: 有，这几本都是 韩汉 词典。
Yǒu, zhè jǐ běn dōu shì Hán-Hàn cídiǎn.

金美英: 都不对。对不起，我的发音不好。
Dōu bú duì. Duìbuqǐ, wǒ de fāyīn bù hǎo.

营业员: 没关系。你是哪国人?
Méi guānxi. Nǐ shì nǎ guó rén?

金美英: 我是韩国人，是汉语学院的新同学。
Wǒ shì Hánguórén, shì Hànyǔ xuéyuàn de xīn tóngxué.

营业员: 是汉韩词典吗?
Shì Hàn-Hán cídiǎn ma?

金美英: 对，是汉韩词典。
Duì, shì Hàn-Hán cídiǎn.

营业员: 这本是。给你。
Zhè běn shì. Gěi nǐ.

金美英: 谢谢。
Xièxie.

营业员: 不用 谢。
Búyòng xiè.

金美英: 再见。
Zàijiàn.

营业员: 再见。
Zàijiàn.

Shàng kè qián
(三) 上 课 前 Before class

丁 文: 这 是 谁 的 作业本?
Zhè shì shuí de zuòyèběn?

山 本: 是 我 的。
Shì wǒ de.

丁 文: 这 本 是 谁 的?
Zhè běn shì shuí de?

爱 米: 我 的。有 问题 吗?
Wǒ de. Yǒu wèntí ma?

丁 文: 都 没有 写 名字。
Dōu méiyǒu xiě míngzi.

二 常用句　Useful sentences

1. 我有一个问题。
2. 请问，这儿有汉韩词典吗？
3. 对不起，我的发音不好。
4. 你是哪国人？
5. 这是谁的作业本？

三 生词　New words

1. 哪儿	nǎr	（代）	where
哪里	nǎli	（代）	where
2. 词典	cídiǎn	（名）	dictionary
3. 谁	shuí	（代）	who
4. 问题	wèntí	（名）	question; problem
5. 学校	xuéxiào	（名）	school
6. 书店	shūdiàn	（名）	bookstore
7. 请问	qǐngwèn	（动）	excuse me
8. 这儿	zhèr	（代）	here
9. 营业员	yíngyèyuán	（名）	shop employees
10. 本	běn	（量）	a measure word used for book and notebook
11. 都	dōu	（副）	all; both
12. 发音	fāyīn	（名）	pronounce

第 3 课　哪儿有汉韩词典

Lesson 3　Where can I find a Chinese-Korean dictionary?

13.	没关系	méi guānxi		it doesn't matter
14.	哪	nǎ	（代）	which
15.	学院	xuéyuàn	（名）	college
16.	新	xīn	（形）	new
17.	给	gěi	（动）	give
18.	谢谢	xièxie	（动）	thanks
19.	不用	búyòng	（副）	not need
20.	再见	zàijiàn	（动）	good-bye
21.	作业	zuòyè	（名）	school assignment
22.	没有	méiyǒu	（副）	not
23.	写	xiě	（动）	write
24.	名字	míngzi	（名）	name or given name
25.	问	wèn	（动）	ask
26.	学	xué	（动）	learn; study
27.	铅笔	qiānbǐ	（名）	pencil
28.	课本	kèběn	（名）	textbook
29.	那	nà	（代）	that

专　名　Proper nouns

1.	汉韩	Hàn–Hán	Chinese-Korean
2.	韩汉	Hán–Hàn	Korean-Chinese
3.	中国	Zhōngguó	China

四 语言点 Language points

(一) 基本句 Basic sentence patterns

特指疑问句 Special interrogative sentences

就是使用疑问代词(谁、什么、哪儿、哪等) 来提出问题的句子。例如：

The sentences in which a question is asked by using an interrogative pronoun such as 谁，什么，哪儿，哪 etc. are known as a special interrogative sentences. For example:

(1) 谁是丁老师？
(2) 你是哪国人？
(3) 你家有几口人？

(二) 词语用法 Usages of words and phrases

1. 疑问代词"谁" Interrogative pronoun "谁"

用于对人的提问。可以作主语、定语和宾语。例如：

"谁" is usually used to interrogate a person and can be used as the subject, attribute or object in the sentence. For example:

(1) 谁有问题？（主语）
(2) 这是谁的桌子？（定语）
(3) 他是谁？（宾语）

2. 疑问代词"什么" Interrogative pronoun "什么"

用于对事物的提问。常作宾语和定语。例如：

"什么" is usually used to ask about inanimate things and can be used as the object or attribute in the sentence. Fro examplqe:

（1）你学什么？（宾语）

（2）这是什么书？（定语）

3. 疑问代词"哪儿"　　Interrogative pronoun "哪儿"

即"哪里"，口语，用于对地点提问。常作主语、宾语。例如：

"哪儿"，in oral Chinese "哪里" used instead, is used to ask about the place and is often used as the subject or the object. For example:

（1）哪儿（哪里）有汉日词典？（主语）

（2）你下午去哪儿（哪里）？（宾语）

4. 范围副词"都"　　Range-adverb "都"

表示全部，用于两个或更多的人或事物，或表示整体，用在动词或形容词前边。例如：

"都" is often used before verbs or adjectives and before two or more things or people to denote the whole, all. For example:

（1）这几本都是汉韩词典。

（2）他们的作业本都没有写名字。

（3）我和孙明都没有姐姐。

（4）上午都是基础汉语课。

5. 疑问代词"哪"　　Interrogative pronoun "哪"

表示要求在同类中确定其中的一部分。后边常跟量词或数量词组。例如：

"哪" is used to define the part of the whole and is often followed by a measuere word or a numeral. For example:

（1）你问哪（一）本书？

（2）你是哪国人？

五 操练与交际　Practice and communication

(一) 读音节，注意辨别声母
Read the following syllables and pay attention to distinguish the initials

qián—xián　　　　xiě—jiě　　　　běn—fěn

míngzi—míngcì　　xīn—qīn　　　　shūdiàn—xiūjiàn

zhè—chè　　　　 zuò—cuò　　　　zàijiàn—zàixiàn

(二) 读音节，注意辨别韵母
Read the following syllables and pay attention to distinguish the finals

dōu—duō　　　　 fāyīn—fǎnyìng　　gāngbǐ—gānbìng

běn—běi　　　　 xuéyuàn—xiéyùn　míngzi—mínzú

(三) 读音节，注意"一"的变调
Read the following syllables and pay attention to the change of tones of the word "一"

shíyī　　　　tǒngyī　　　　yī jí　　　　yīděng

yìbiān　　　yìxiē　　　　 yì tiān　　　yìqiān

yì nián　　　yìzhí　　　　 yìqí　　　　yìshí

yìzǎo　　　 yìbǎi　　　　 yìdiǎnr　　　yì kǒu

yí ge　　　 yí cì　　　　 yíxià　　　　yídìng

(四) 音节连读，注意声调变化
Read the following syllables in succession and pay attention to the change of tones

shàng kè qián　　　　xiě zuòyè qián　　　　wèn wèntí qián

fāyīn qián	Hànyǔ cídiǎn	Hányǔ cídiǎn
Yīngyǔ cídiǎn	Éyǔ cídiǎn	shénme wèntí
shénme zuòyè	shénme míngzi	shénme xuéxiào
shénme cídiǎn	shénme kèběn	shénme shūdiàn
nǎr yǒu cídiǎn	nǎr yǒu xuéxiào	nǎr yǒu shūdiàn
nǎr yǒu wèntí	dōu xiě	dōu shì	dōu bú duì
dōu xué	dōu yǒu	dōu gěi	gěi wǒ
gěi tā	gěi lǎoshī	gěi tóngxué	gěi nǐmen
xīn shū	xīn xuéxiào	xīn jiàoshì	xīn zhuōzi
xīn běnzi		

Qǐnwèn, zhèr yǒu Hàn–Hán cídiǎn ma?

(五) 用线将两边能搭配的词语连接起来
Connect the collocation with a line

写　　　　问题
都　　　　本子
问　　　　对
学　　　　口语
新　　　　作业

(六) 读词语并写出拼音
Read the following words and write the *Pinyin*

作业_____　谁_____　哪儿_____　词典_____　书店_____

发音_____　都_____　给_____　本_____　铅笔_____

课本_____　那_____

(七) 句子替换　Sentence substitution

1

铅笔	金美英
本子	山本
英汉词典	老师

A：谁有<u>问题</u>?
B：<u>我</u>有<u>问题</u>。

2

英汉词典	这儿
本子	那儿
基础汉语课本	这儿
口语书	那儿

A：哪儿有<u>汉韩词典</u>?
B：<u>学校的书店</u>有。

3

汉英词典
听力课本
基础汉语课本
口语课本

A：请问，这儿有<u>韩汉词典</u>吗?
B：有，这几本都是<u>韩汉词典</u>。

4

日本人
美国人
英国人
俄罗斯人
中国人

A：你是哪国人?
B：我是<u>韩国人</u>。

第 3 课　哪儿有汉韩词典
Lesson 3　Where can I find a Chinese-Korean dictionary?

61

A：这是谁的<u>作业本</u>？
B：是<u>我</u>的。

词典	丁老师
书	爱米
课本	孙明
铅笔	金美英

（八）将可以互相应答的句子用线连接起来，然后一起说一说

Connect each acceptable question and anwer together with lines and read them loudly

你好！　　不用谢。
对不起。　再见。
谢谢。　　没关系。
再见。　　你好！

（九）根据实际情况回答问题

Answer the following questions accordingly

1. 你的基础汉语课的老师是谁？

2. 上午你有什么课？

3. 你们班有多少韩国同学？

4. 你是哪国人？

5. 你有几本词典？是什么词典？

（十）完成会话　Complete the following conversations

1. A：你是哪国人？
   B：_____

2. A：请问，这儿有英汉词典吗？
   B：_____

3. A：这是什么课本？那是什么课本？
   B：_____

4. A：这是谁的铅笔？
   B：_____，谢谢你。
   A：_____

5. A：你们下午都有课吗？
   B：_____

（十一）交际　Role play

互相问答　Ask each other by using the following forms

1. 你的……老师是谁？

2. 你是哪国人？

3. 哪儿有……？

4. 你有什么课？

第3课　哪儿有汉韩词典

Lesson 3 Where can I find a Chinese-Korean dictionary?

第4课 Lesson 4

Yòu rènshi yí ge péngyou
又认识一个朋友
I have made a new friend

一 课文 Text

> Zài cāochǎng
> (一) 在 操场 On the sportsground

大卫: 早上好。
　　　Zǎoshang hǎo.

山本: 你好。
　　　Nǐ hǎo.

大卫: 你叫什么名字?
　　　Nǐ jiào shénme míngzi?

山本: 我叫山本,你呢?
　　　Wǒ jiào Shānběn, nǐ ne?

大 卫：我叫大卫，认识你很高兴。
　　　　Wǒ jiào Dàwèi, rènshi nǐ hěn gāoxìng.

山 本：我也很高兴。你每天都锻炼身体吗？
　　　　Wǒ yě hěn gāoxìng. Nǐ měi tiān dōu duànliàn shēntǐ ma?

大 卫：是的，我每天都跑步。
　　　　Shì de, wǒ měi tiān dōu pǎo bù.

Zài cāochǎng chūkǒu, Dàwèi hé Sūn Míng zhuàngzài yìqǐ
（二）在操场出口，大卫和孙明撞在一起
David and Sun Ming running into each other at the gate of the sportsground

大 卫：对不起，对不起。
　　　　Duìbuqǐ, duìbuqǐ.

孙 明：没关系。我的眼镜呢？
　　　　Méi guānxi. Wǒ de yǎnjìng ne?

（山本走过来 Shānběn zǒu guolai　Yamamoto coming this way）

山 本：是这个吧？给你。
　　　　Shì zhè ge ba? Gěi nǐ.

孙 明：山本，是你？
　　　　Shānběn, shì nǐ?

大 卫：你们认识吧？
　　　　Nǐmen rènshi ba?

山 本：这是大卫，他也是留学生。
　　　　Zhè shì Dàwèi, tā yě shì liúxuéshēng.

大 卫：还有，我是意大利人。你贵姓？
　　　　Hái yǒu, wǒ shì Yìdàlìrén. Nǐ guìxìng?

孙 明：我姓孙，叫孙明，日语系的学生。
　　　　Wǒ xìng Sūn, jiào Sūn Míng, Rìyǔxì de xuésheng.

第4课 又认识一个朋友　Lesson 4 I have made a new friend

很 高兴 认识 你。
Hěn gāoxìng rènshi nǐ.

大卫：哈哈，我 又 认识 一 个 朋 友。
Hāhā, wǒ yòu rènshi yí ge péngyou.

孙明：你 的 汉语 发音 很 好。
Nǐ de Hànyǔ fāyīn hěn hǎo.

大卫：哪里 哪里。
Nǎli nǎli.

二 常用句　Useful sentences

1. 你叫什么名字？
2. 我叫山本，你呢？
3. 认识你很高兴。
4. 你贵姓？
5. 我姓孙，叫孙明，日语系的学生。

三 生词　New words

1. 又	yòu	（副）	again
2. 认识	rènshi	（动）	know
3. 朋友	péngyou	（名）	friend
4. 叫	jiào	（动）	be named
5. 呢	ne	（助）	used at the end of a question sentence
6. 很	hěn	（副）	very

7.	高兴	gāoxìng	（形）	glad
8.	也	yě	（副）	also
9.	每	měi	（代）	every
10.	天	tiān	（名）	day
11.	锻炼	duànliàn	（动）	engage in physical exercise
12.	身体	shēntǐ	（名）	body; health
13.	跑步	pǎo bù		run
	跑	pǎo	（动）	run
14.	眼镜	yǎnjìng	（名）	spectacles
15.	吧	ba	（助）	used at the end of a question sentence
16.	留学生	liúxuéshēng	（名）	student studying abroad
17.	还	hái	（副）	also; too; still
18.	贵姓	guìxìng		what's your surname
19.	姓	xìng	（动、名）	one's family name is...; family name; surname
20.	系	xì	（名）	department（in a college）
21.	哈哈	hāhā	（象声）	sounds of laught
22.	哪里哪里	nǎli nǎli		a modest expression

专 名　Proper nouns

1.	大卫	Dàwèi	name of a person
2.	意大利	Yìdàlì	Italy
3.	日语	Rìyǔ	Japanese
4.	韩语	Hányǔ	Korean

第 4 课　又认识一个朋友

Lesson 4　I have made a new friend

四 语言点　Language points

（一）基本句　Basic sentence patterns

1. 用"呢"构成的省略问句
　　Elliptical interrogative sentences with "呢"

用"呢"可以构成疑问句的省略式。有两种情况：

There are two kinds of elliptical interrogative sentences with "呢".

一种是前边没有承接句子或对话，只表示问地点，相当于"在哪儿"。例如：

One is an independent question which often asks about the places. For example:

（1）笔呢？　（笔在哪儿？）

（2）山本呢？　（山本在哪儿？）

另一种是承接前边的句子或对话，至于问什么，要根据前边的话来确定。例如：

The other is a dependent clause which often asks about what it may concern depending on the sentence before it. For example:

（3）我叫山本，你呢？　（你叫什么名字？）

（4）我是韩国人，你呢？　（你是哪国人？）

（5）我每天早上都锻炼身体，大卫呢？　（大卫锻炼身体吗？）

2. 用"吧"（1）构成的猜测问句
　　"吧"（1）is used to form a conjecture question

是一般疑问句的一种，有猜测语气，希望对方对猜测做出肯定或否定回答。例如：

A conjecture question belongs to general questions or yes/no questions and it has the mood of guessing. The questioner hopes the listener to answer the question with an affirmative or a negative form by way of guessing. For example:

(1) 你们认识吧？（我想你们认识，对吗?）

(2) 这是你的书吧？（我想这是你的书，对吗?）

▲用"吗"时没有猜测语气，试比较：

When "吗" is used, there is no mood of guessing.

你是日本人吧？

你是日本人吗？

（二）词语用法 Usages of words and phrases

1. 也   The usage of "也"

表示"同样"。例如：

"也" indicates "同样" which means also, too, as well as. For example:

(1) 大卫：认识你很高兴。

　　山本：我也很高兴。

(2) 山本是留学生，我也是留学生。

(3) 你们没有口语课，我们也没有口语课。

2. 还   The usage of "还"

表示增加或补充。例如：

"还" is usally used to mean also, too, as well, even, still. For example:

(1) 我们有基础汉语课，还有听力课。

(2) 我有一个姐姐，还有一个弟弟。

3. 又   The usage of "又"

表示同一动作行为的重复发生或反复进行，多用于已经发生的情况。后面常有"了"配合。例如：

"又" is usually used in the past tense to indicate the same action repeating or

69

happening again and again and usually followed by "了". For example:

（1）我又认识一个朋友。

（2）她又买了一本词典。

五 操练与交际　Practice and communication

（一）读音节，注意辨别声母

Read the following syllables and pay attention to distinguish the initials

jiào—xiào	hěn—kěn	liú—niú	xì—shì
tiān—diān	gāo—hāo	xìng—jìng	pǎo—bǎo
bù—pù	shēn—chēn	liàn—niàn	duān—tuān
tǐ—dǐ	péng—béng		

（二）读音节，注意辨别韵母

Read the following syllables and pay attention to distinguish the finals

xìng—xìn	jìng—jìn	yǎn—yǎng
liàn—liàng	péng—pén	hén—héng
rén—réng	liú—liáo	shēn—shēng

（三）音节连读，注意声调变化

Read the following syllables in succession and pay attention to the change of tones

Shānběn ne	Měiyīng ne	Sūn Míng ne	Dīng lǎoshī ne
cídiǎn ne	yě yǒu	yě xiě	yě wèn
yě rènshi	yě shì	yě gāoxìng	yě jiào
yě xìng	yě pǎo	yě gěi	hái yǒu

hái xiě	hái wèn	hái rènshi	hái shì
hěn hǎo	hěn gāoxìng	hěn xīn	hěn zǎo
hěn wǎn	yòu yǒu	yòu xiě	yòu wèn
yòu rènshi	yòu shì		

（四）读词语并写出拼音
Read the following words and write the *Pinyin*

眼镜 _____   高兴 _____   锻炼 _____   身体 _____

跑步 _____   朋友 _____   认识 _____   留学生 _____

（五）选词填空
Fill in the blanks with the given wrods

还　　　也

1. 我有一本汉日词典，孙明 _____ 有一本汉日词典。
2. 我有一本英汉词典，_____ 有一本汉英词典。
3. 我有一个哥哥，_____ 有一个弟弟。
4. 我认识你 _____ 很高兴。

（六）句子替换　Sentence substitution

1

孙明
丁文
金美英
爱米

A：你叫什么名字？
B：我叫<u>山本</u>。

2

有一个姐姐	没有姐姐
有听力课	也有听力课
是韩国人	也是韩国人
学汉语	学韩语
是日语系的学生	是英语系的学生

A：我叫山本，你呢？
B：我叫大卫。

3

是意大利人
锻炼
是留学生
每天跑步

A：你们认识吧？
B：是的，我们认识。
　（不，我们不认识。）

4

听力
口语
日语
英语
韩语

A：你的汉语发音很好。
B：哪里哪里。

（七）根据课文分别介绍一下山本、大卫、孙明
According to text introduce Shanben，David and Sun Ming

（八）回答问题　Answer the following questions

1. 我是韩国人，你呢？

72

2. 你是留学生吧？
   _____

3. 我叫金美英，你呢？
   _____

4. 我下午有口语课，你呢？
   _____

5. 我学英语，你呢？
   _____

6. 你们认识吧？
   _____

7. 这是你的词典吧？
   _____

（九）完成会话　Complete the following conversations

1. A：你叫什么名字？
   B：_____，_____？
   A：我叫金美英，认识你很高兴。
   B：_____

2. A：我叫孙明，是日语系的学生，你呢？
   B：_____

3. A：你的英语很好。
   B：_____

4. A：他是你弟弟吧？
   B：_____，我没有弟弟，他是我的好朋友。
   A：_____
   B：没关系。

(十) 交际（用所给的句型问答）

Role play (Question and answer with the given expressions in the brackets)

1. 介绍你的同学互相认识一下。

    Introduce your classmates and let them know each other.

    （这是……，他叫……）

2. 自我介绍，然后问对方。

    Introduce youreself first and then get to know the other person involved.

    （我叫……，你呢？）

    （我是……，你呢？）

    （我有……，你呢？）

3. 互相猜测问答。

    Test each other.

    （……吧？）

4. 夸奖对方，谦虚回答。

    Compliment the others and respond modestly.

    （哪里哪里）

Qù shāngdiàn
去 商店
Go shopping

第 5 课
Lesson 5

课文 Text

高 桥：这是 商店，那是 超市。去 哪儿？
　　　Zhè shì shāngdiàn, nà shì chāoshì. Qù nǎr?

金美英：去 商店 吧，练习 听 和 说。
　　　Qù shāngdiàn ba, liànxí tīng hé shuō.

高 桥：我 的 汉语 不 好。
　　　Wǒ de Hànyǔ bù hǎo.

金美英：没 关系。
　　　Méi guānxi.

(在商店 Zài shāngdiàn　In a shop)

营业员：你们 好，想 买点儿 什么？
　　　Nǐmen hǎo, xiǎng mǎidiǎnr shénme?

金美英：请问，这儿 有 铅笔 吗？
　　　Qǐngwèn, zhèr yǒu qiānbǐ ma?

营业员：没有，二 楼 有。
　　　Méiyǒu, èr lóu yǒu.

高 桥：谢谢。
　　　Xièxie.

(在二楼 Zài èr lóu   On the second floor)

金美英: 这 铅笔 多少 钱 一 支?
Zhè qiānbǐ duōshao qián yì zhī?

营业员: 四 毛 钱。
Sì máo qián.

金美英: 我 买 两 支。
Wǒ mǎi liǎng zhī.

营业员: 还 买点儿 什么?
Hái mǎidiǎnr shénme?

金美英: 我 想 买 个 本子。
Wǒ xiǎng mǎi ge běnzi.

营业员: 这样 的 三 块 五, 那样 的 两 块 二。
Zhèyàng de sān kuài wǔ, nàyàng de liǎng kuài èr.

金美英: 我 买 这 种, 给 你 钱。
Wǒ mǎi zhè zhǒng, gěi nǐ qián.

营业员: 收 你 五 元, 找 你 七 毛。
Shōu nǐ wǔ yuán, zhǎo nǐ qī máo.

第 5 课　去商店

Lesson 5 *Go shopping*

（在路上 Zài lùshang　On the way）

高　桥：你看，那儿有水果，买 一点儿 吧。
　　　　Nǐ kàn, nàr yǒu shuǐguǒ, mǎi yìdiǎnr ba.

金美英：行。
　　　　Xíng.

高　桥：苹果一斤多少 钱？
　　　　Píngguǒ yì jīn duōshao qián?

商　贩：一 块 五。
　　　　Yí kuài wǔ.

高　桥：买 二 斤。
　　　　Mǎi èr jīn.

二 常用句 Useful sentences

1. 你想买点儿什么？
2. 请问，这儿有铅笔吗？
3. 这样的三块五，那样的两块二。
4. 苹果多少钱一斤？

三 生词 New words

1.	去	qù	（动）	go
2.	商店	shāngdiàn	（名）	shop
3.	超市	chāoshì	（名）	supermarket
4.	练习	liànxí	（动、名）	practise; practice
5.	听	tīng	（动）	listen
6.	说	shuō	（动）	speak
7.	想	xiǎng	（助动）	want to
8.	买	mǎi	（动）	buy
9.	(一)点儿	(yì) diǎnr	（数量）	a bit; a little
10.	楼	lóu	（量、名）	floor; building
11.	钱	qián	（名）	money
12.	支	zhī	（量）	measure word for slender objects
13.	毛	máo	（量）	unit of fractional RMB, equivalent to *jiao* in oral Chinese

14.	两	liǎng	（数）	two
15.	这样	zhèyàng	（代）	such; like this
16.	块	kuài	（量）	unit of RMB, equivalent to *yuan* in oral Chinese
17.	那样	nàyàng	（代）	that kind of; like that
18.	种	zhǒng	（量）	kind
19.	收	shōu	（动）	receive; accept
20.	元	yuán	（量）	unit of RMB
21.	找	zhǎo	（动）	give change
22.	看	kàn	（动）	see; look at
23.	那儿	nàr	（代）	there
24.	水果	shuǐguǒ	（名）	fruit
25.	行	xíng	（动）	right
26.	苹果	píngguǒ	（名）	apple
27.	斤	jīn	（量）	of weight (equal to 1/2 kilogram)
28.	商贩	shāngfàn	（名）	small retailer
29.	角	jiǎo	（量）	unit of fractional RMB, ten cents
30.	分	fēn	（量）	unit of fractional RMB, cents
31.	层	céng	（量）	a measure word for layers, storey
32.	交	jiāo	（动）	hand over; deliver

专　名　Proper nouns

　　高桥　　　　Gāoqiáo　　　　name of a person

四 语言点 Language points

词语用法 Usages of words and phrases

1. **一点儿 (1)**　The usage of "一点儿" (1)

   表示数量少。用在名词前，或者动词后（此时"一"常省略）。例如：

   "一点儿" is used before a noun or after a verb ("一" is often ommited when used after a verb) to mean some, a few. For example:

   　一点儿水果　一点儿钱　买一点儿

   (1) 你想买（一）点儿什么？

   (2) 我想买（一）点儿水果。

2. **比较"不"和"没"**　Compare "不" and "没"

   "不"和"没"都是否定副词。

   "不" and "没" are both negative adverbs.

   "不"用于否定主观愿望和性质、状态等。例如：

   "不" is used to deny the subjectivity, characteristics or a state. For example:

   (1) 我明天不去学校。

   (2) 这个教室不大。

   "没"用于否定客观事物或动作等。例如：

   "没" is used to deny an action. For example:

   (3) 她没有弟弟。

   (4) 我没写名字。

3. **比较 "二"和"两"**　Compare "二" and "两"

   "两"用在普通量词前，"二"不能这样用。例如：

   "两" is usually used before a common measure word, while "二" is usually not. For example:

两本词典　　　　两个同学　　　　两口人
×二本词典　　　×二个同学　　　×二口人

如果是度量衡量词，用"二"和"两"都可以。例如：

If the measure word is a word of weights and measures, "二" and "两" can also be used before it. For example:

二斤＝两斤

单纯的数字中只能用"二"，不能用"两"。例如：

"二" but not "两" can be used in a pure numerals. For example:

十二　（×十两）　　二十　（×两十）

4. 表达钱数的词语用法

   The uses of the words of expressing money

   用于表达钱数的单位是：元（块）、角（毛）、分。"块"和"毛"用于口语。

   The words used to express the unit of money are: 元（块），角（毛），分。"块" and "毛" are used in oral Chinese。

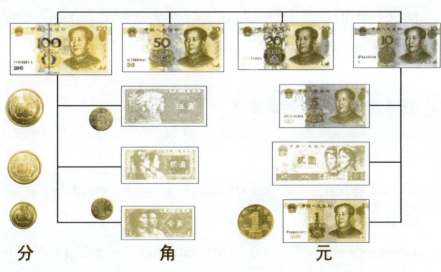

分　　　　　　角　　　　　　元

20.88 元　读作　二十元八角八分／二十块八毛八（分）
52.60 元　读作　五十二元六角／五十二块六（毛）
77.05 元　读作　七十七元零五分／七十七块零五分

五 操练与交际　Practice and communication

(一) 读音节，注意辨别声母
Read the following syllables and pay attention to distinguish the initials

zhī—jī　　　jīn—qīn　　　jiāo—qiāo　　　xíng—qíng

zhǎo—jiǎo　　shōu—zhōu　　kuài—guài　　　qù—jù

kàn—gàn　　kuǎn—guǎn　　xiǎng—jiǎng　　qián—xián

(二) 读音节，注意辨别韵母
Read the following syllables and pay attention to distinguish the finals

liàn—liàng　　jiāo—jiū　　　céng—cén　　　zhǒng—zhěng

píng—pín　　　jīn—jīng　　　yuán—yún　　　qián—qiáng

shuō—shōu　　yàn—yàng　　　xìng—xìn　　　kàn—kàng

kuài—kuì　　　guǎn—guǎng　　lóu—liú

(三) 音节连读，注意声调变化
Read the following syllables in succession and pay attention to the change of tones

qù shāngdiàn　　　qù shūdiàn　　　qù chāoshì

qù jiàoshì　　　　qù nàr

xiǎng mǎi shū　　　xiǎng mǎi píngguǒ　　　xiǎng mǎi cídiǎn

xiǎng mǎi qiānbǐ　　xiǎng mǎi gāngbǐ　　　xiǎng mǎi shuǐguǒ

xiǎng mǎi yìdiǎnr　　xiǎng mǎi kèběn

yìdiǎnr qián　　　yìdiǎnr zuòyè　　　yìdiǎnr liànxí

yìdiǎnr wèntí   yìdiǎnr shuǐguǒ

mǎi yìdiǎnr   shuō yìdiǎnr   kàn yìdiǎnr

yǒu yìdiǎnr   tīng yìdiǎnr

zhèyàng de píngguǒ   zhèyàng de shāngdiàn

nàyàng de zhuōzi   nàyàng de qiānbǐ

yì yuán   liǎng máo   sān zhī   sì lóu   wǔ jīn

liù liǎng   qī zhǒng   bā céng   jiǔ kuài   shí kǒu

（四）读词语并写出拼音
Read the following words and write the *Pinyin*

商店_____   楼_____   练习_____   铅笔_____

苹果_____   层_____   种_____   钱_____

听_____   说_____   看_____   买_____

锻炼_____   认识_____   新_____   教室_____

桌子_____   问题_____

（五）填量词　Complete the following sentences with measure words

1. 我买两_____铅笔。

2. 这种苹果多少钱一_____？

3. 那样的本子两_____二。

4. 三_____有本子。

5. 我们这儿有两_____词典，你买哪_____？

6. 我家有四_____人。

7. 我想买一_____汉韩词典。

（六）选词填空
Fill in the blanks with the given words

呢　　吗　　吧

1. 你日语很好，是日语系的学生_____？
2. 我叫大卫，你_____？
3. 听你的发音，你是韩国人_____？
4. 这种一块五一斤，那种_____？
5. 你们有口语课_____？
6. 你有弟弟_____？

（七）用线将两边能搭配的词语连接起来
Connect the collocation with a line

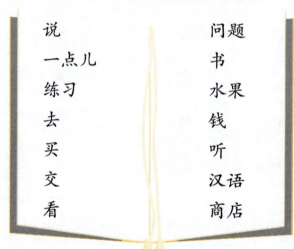

说　　　　　　　　问题
一点儿　　　　　　书
练习　　　　　　　水果
去　　　　　　　　钱
买　　　　　　　　听
交　　　　　　　　汉语
看　　　　　　　　商店

（八）句子替换　Sentence substitution

1　　书店　　商店　　　A：这是<u>商店</u>，那是<u>超市</u>。
　　超市　　书店　　　　　去哪儿？
　　　　　　　　　　　B：去<u>商店</u>吧。

84

2

A：你想买点儿什么？
B：我想买点儿水果。

两支铅笔
三个本子
一本词典
三斤苹果

3

汉语书	五
英语词典	四
本子	三
水果	二
苹果	一

A：请问，这儿有铅笔吗？
B：没有，二楼有。

4

A：这铅笔多少钱一支？
B：四毛。

笔	支	十二块八
苹果	斤	两块二
词典	本	十九块六
本子	个	一块七

5

两块六	两块八	这
十一块七	十七块一	那
五毛	四毛	这
十元	十二元	那

A：这样的三块五，那样的两块二。
B：我买这种。

第 5 课　去商店
Lesson 5　Go shopping

(九) 句型变换　Sentence patterns transformation

> 例：这铅笔多少钱一支？
> 　　这铅笔一支多少钱？

1. 这苹果多少钱一斤？

2. 这本子多少钱一个？

3. 这词典多少钱一本？

4. 这课本多少钱一本？

5. 这水果多少钱一斤？

(十) 根据画线部分提问
Ask questions according to the underlined parts

1. 山本家有<u>五口</u>人。
2. 苹果<u>两块钱</u>一斤。
3. 我们晚上想去<u>商店</u>。
4. 这支铅笔是<u>大卫</u>的。
5. 这是一本<u>汉语</u>书。

(十一) 完成会话　Complete the following conversations

1. A：你们好，想买点儿什么？
   B：＿＿＿＿＿＿＿？
   A：没有，三楼有。
   B：谢谢。

2. A：这苹果_____？

　　B：_____

　　A：我买_____，给你钱。

　　B：收你10元，找你_____。

（十二）交际　Role play

互相问答　Ask each other questions and answer

1. 买水果　Buy fruit

2. 买铅笔和本子　Buy percil and notebook

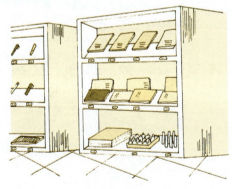

3. 认识中国钱　Recognize the Chinese money

第 6 课 / Lesson 6

Yuē péngyou
约 朋友
Make an appointment with a friend

课文 Text

(一) 在 路上 Zài lùshang On the way

大卫: 山本，明天 下午 有 空儿 吗？
Shānběn, míngtiān xiàwǔ yǒu kòngr ma?

山本: 什么 事？
Shénme shì?

大卫: 听说 滨海 路 的 风景 非常 漂亮，我们 一起
Tīngshuō Bīnhǎi Lù de fēngjǐng fēicháng piàoliang, wǒmen yìqǐ

去 吧。
qù ba.

山 本：滨海 路？
　　　Bīnhǎi Lù?

大 卫：对，是 海边 的 一 条 小路。绿树、大海，还有
　　　Duì, shì hǎibiān de yì tiáo xiǎolù. Lǜshù、dà hǎi, hái yǒu

　　　蓝天、白云……
　　　lántiān、báiyú……

山 本：好，我 想 请 孙 明 和 我们 一起 去。
　　　Hǎo, wǒ xiǎng qǐng Sūn Míng hé wǒmen yìqǐ qù.

大 卫：好 主意。明天 下午 一 点 吧，我们 宿舍 门口 见。
　　　Hǎo zhúyi. Míngtiān xiàwǔ yì diǎn ba, wǒmen sùshè ménkǒu jiàn.

山 本：没 问题，我 去 约 孙 明。
　　　Méi wèntí, wǒ qù yuē Sūn Míng.

（二）在 宿舍 门口　Zài sùshè ménkǒu　At the door of the domitory

孙 明：是 一 点 半 吗？
　　　Shì yì diǎn bàn ma?

山 本：是 的，约 的 是 下午 一 点 半。
　　　Shì de, yuē de shì xiàwǔ yì diǎn bàn.

孙　明：你看，大卫来了。
　　　　Nǐ kàn, Dàwèi lái le.

大　卫：你们什么时候来的？我一点来的，你们没来。
　　　　Nǐmen shénme shíhou lái de? Wǒ yì diǎn lái de, nǐmen méi lái.

山　本：对不起，我听的是一点半。
　　　　Duìbuqǐ, wǒ tīng de shì yì diǎn bàn.

大　卫：孙明，你带的是什么？
　　　　Sūn Míng, nǐ dài de shì shénme?

孙　明：矿泉水。你呢？
　　　　Kuàngquánshuǐ. Nǐ ne?

大　卫：香蕉和桔子。
　　　　Xiāngjiāo hé júzi.

山　本：我们快走吧。
　　　　Wǒmen kuài zǒu ba.

二　常用句　Useful sentences

1. 明天下午有空儿吗？

2. 听说海边的风景非常漂亮。

3. 我想请孙明和我们一起去。

4. 下午一点我们宿舍门口见。

5. 你们什么时候来的？

New words

22. 请	qǐng	(动)	please	
23. 和	hé	(介)	together with	
24.				
25.				
26. 宿舍	sùshè	(名)	dormitory	
27. 门口	ménkǒu	(名)	entrance, gate	
28.	jiù			
29.	bàn			
30. 来	lái	(动)	come	
31. 时候	shíhou	(名)	time; period	
32. 带	dài	(动)	take; carry with	
33. 矿泉水	kuàngquánshuǐ		mineral water	
34.	bēi	(量)	a measure word used for long and thin things	
35.	júzi		orange	
36. 快	kuài		fast, quick	
37. 走	zǒu	(动)		
38.				
39. 真	zhēn	(副)	really, truly	
40. 见面	jiànmiàn		meet, see	

专 名 Proper nouns

| | 滨海路 | Bīnhǎi Lù | name of a road |

四 语言点 Language points

（一）基本句 Basic sentence patterns

形容词谓语句
Sentence with an adjective as its predicate

形容词可以直接作谓语，作谓语时前边一般有程度副词"很"等，否则有比较的意思。例如：

An adjective can be used as a predicate. When it used as a predicate, a adverb of degree such as "很" is usually used before the adjective, and if not, there is a comparative meaning in the sentence. For example:

(1) 滨海路的风景非常漂亮。
(2) 这本书很新。
(3) 她的口语好，我的口语不好。（比较）
　　×她的口语好。

▲ 形容词作谓语一般不用动词"是"。例如：
The verb "是" is not needed in such sentence. For example:

　× 树是很绿。

（二）词语用法 Usages of words and phrases

1. **趋向动词"来"和"去"**
   Transitional event verbs "来" and "去"

   表示行动的方向。"来"是到说话人的地方，"去"是离开说话人的地方，跟"来"相反。例如：

   "来" and "去" indicate the directions of the movement. "来" means come, going to the location of the speaker and "去" means go, leaving from the location of the speaker. For example:

(1) 你来我家吧。

(2) 我们一起去吧。

2. 吧 (2)　　The mood auxiliary "吧" (2)

表示商量或催促的语气，用于陈述句句尾。例如：

"吧" is used at the end of a declarative sentence to indicate the mood of advising or urging. For example:

(1) 我们买点儿桔子吧。　（商量）

(2) 我们快走吧。　　　　（催促）

3. 表示时间的词语用法（1）
The uses of the words of expressing time（1）

"点"和"半"用来表示整点和半点。例如：

"点" and "半" are used to to indicate on the hour or on the half. For example:

12：00　读作　十二点

3：30　读作　三点半（不能说"三半点"）

4. 语气助词"的"　　The mood auxiliary "的"

用在句尾，表示肯定、实现的语气。例如：

"的" is used at the end of the sentence to indicate the mood of affirmative and implementation. For example:

(1) 是的。

(2) 我们一起来的。

五 操练与交际　Practice and communication

（一）读下列音节，注意辨别声、韵、调
Read the following syllables and pay attention to distinguish the initials, the finals and the tones

fēngjǐng—fènjìn　　dàshù—dàshū　　zhùyì—zhúyi
sùshè—zhùcè　　júzi—qízhì　　shíhou—shìhào
xiāngjiāo—jiānjiāo

（二）熟读下列短语　Read up the following phrases

今天有空儿　　明天有空儿　　晚上有空儿
上午有空儿　　下午有空儿
非常漂亮　　非常新　　非常高兴
非常白　　非常快
一起去　　一起写　　一起来　　一起问
一起约　　一起走　　一起看
一起找　　一起收　　一起锻炼
一点见　　两点见　　三点见
十二点半见　　六点半见
宿舍见　　商店门口见　　书店见　　学校门口见
真大　　真绿　　真蓝
真白　　真好　　真想

第 6 课　约朋友
Lesson 6　Make an appointment with a friend

(三) 用本课的生词填空
Complete the following blanks with the new words in this lesson

1. 明天我有_____，不去商店了。
2. 我想买一斤_____，两斤_____。
3. 海边的风景很_____。
4. 我的宿舍不大，非常_____。
5. 我们什么_____见面？
6. 今天去商店我没_____钱。
7. 我们_____走吧。
8. 我们请老师和我们_____去海边。
9. _____那个书店有《汉日词典》。
10. 那个学校很_____。

(四) 词语搭配 Collocations of words and expressions

____条　　　____门口　　约____　　绿____

快____　　____白　　真____　　____主意

____漂亮　　带____

(五) 句子替换 Sentence substitution

1

老师	今天晚上
金美英	明天早上
大卫	明天上午
高桥	下午一点半
孙明	明天中午

A：山本，明天下午有空儿吗？
B：什么事？

2

学校的书店有很多汉语书
超市的水果很好
你今天有空儿

听说滨海路的风景非常漂亮，我们一起去吧。

3

他
丁老师
金美英
山本

A：我想请孙明和我们一起去。
B：好主意。

第6课 约朋友
Lesson 6 Make an appointment with a friend

4

书店
教室
商店
学校

我们宿舍门口见。

5

高桥	去	两点
你弟弟	来	下午三点
丁老师	走	晚上六点半
你姐姐	去	上午十点

A：你们什么时候来的？
B：我们一点半来的。

(六) 回答问题，注意使用"非常"、"真"和"很"
Answer the following questions with "非常","真" and "很" actively

1. 滨海路的风景漂亮吗？

2. 天蓝吗？

3. 树绿吗？

4. 你的课本新吗？

5. 大卫跑步快吗？

6. 你的宿舍小吗？

7. 你们的教室大吗？

(七) 回答问题，注意使用"的"
Anwser the following questions with "的"

1. 你什么时候来的？

2. 词典哪儿买的？

3. 他什么时候走的？

4. 老师什么时候说的?

_____

5. 作业什么时候写的?

_____

(八) **完成会话** Complete the following conversations

1. 山本想约高桥明天一起去书店。
   山　本:_____?（空儿）
   高　桥: 有空儿。你_____?（什么）
   山　本:_____,（听说）我们_____。（一起）
   高　桥:_____

2. 在学校门口。
   金美英:_____?
   山　本: 我四点来的。
   金美英: 高桥呢?
   高　桥:_____（一起）
   金美英: 山本,你带的是什么?
   山　本:_____,你呢?
   金美英:_____

(九) **读后判断对错**

Read the following passage first and fill in the brackets with "√" or "×"

听说滨海路是海边的一条小路,那儿的风景非常漂亮。绿树、蓝天、白云……明天下午山本没有课,他想约同学们一起去海边。同学们也都很想去。他们约好一点在宿舍门口见面。丁老师明天有空儿,也和同学们一起去。高桥想带香蕉,山本想带矿泉水,金美英想带苹果,大卫想带桔子。他们非常高兴。

1. 滨海路是海边的一条大路。（   ）
2. 滨海路的风景真漂亮。（   ）
3. 他们明天下午有课。（   ）
4. 同学们都想去海边。（   ）
5. 他们一点在宿舍门口见面。（   ）
6. 丁老师没有空儿，不和同学们一起去海边。（   ）
7. 金美英想带香蕉。（   ）
8. 山本想带矿泉水。（   ）
9. 大卫想带苹果。（   ）
10. 他们都很高兴。（   ）

（十）交际　Role play

1. 请同学一起去商店。

   Ask your classmate to come to the shop together with you.

2. 请同学一起去教室学汉语。

   Ask your classmate to come to the classroom to study Chinese.

Zhǎo rén
找人
Looking for somebody

第 7 课 Lesson 7

一 课文 Text

(一) 在 办公室 门口
Zài bàngōngshì ménkǒu
At the gate of teaches' office

丁 文： 请 进。
Qǐng jìn.

大 卫： 您 好，请 问，张 老师 在 吗？
Nín hǎo, qǐngwèn, Zhāng lǎoshī zài ma?

丁 文： 你 找 哪 位 张 老师？
Nǐ zhǎo nǎ wèi Zhāng lǎoshī?

大 卫：高高的个子，戴眼镜的女老师。
　　　Gāogāo de gèzi, dài yǎnjìng de nǚ lǎoshī.

丁 文：她现在不在，去上课了，三点以后再来吧。
　　　Tā xiànzài bú zài, qù shàng kè le, sān diǎn yǐhòu zài lái ba.

大 卫：谢谢。
　　　Xièxie.

Zài bàngōngshì li
（二）在 办公室 里
In the teachers' office

大 卫：张老师，下课了？
　　　Zhāng lǎoshī, xià kè le?

张 云：下课了。你找我有事吗？
　　　Xià kè le. Nǐ zhǎo wǒ yǒu shì ma?

大 卫：我有个问题想问您。
　　　Wǒ yǒu ge wèntí xiǎng wèn nín.

张 云：什么问题？慢慢说。
　　　Shénme wèntí? Mànmàn shuō.

大　卫：我　想　快快　地提高 口语 水平，有 好 办法 吗？
　　　　Wǒ xiǎng kuàikuài de　tígāo　kǒuyǔ shuǐpíng, yǒu hǎo bànfǎ ma?

张　云：每 天　多多　地 做 练习。和 中 国人　说 汉语、交
　　　　Měi tiān duōduō de zuò liànxí.　Hé Zhōngguórén shuō Hànyǔ、 jiāo

　　　　朋　友。明 白 了 吗？
　　　　péngyou. Míngbai le ma?

大　卫：懂 了，多 听 多　说，这 办法 不错。
　　　　Dǒng le,　duō tīng duō shuō, zhè bànfǎ búcuò.

张　云：你 以后　想　做 什么？
　　　　Nǐ yǐhòu xiǎng zuò shénme?

大　卫：我　想 和爸爸 一起 做 生意。
　　　　Wǒ xiǎng hé bàba yìqǐ zuò shēngyi.

张　云：什　么 生意？
　　　　Shénme shēngyi?

大　卫：他 以前 卖 家具，现在　做　眼镜　生意 了。
　　　　Tā yǐqián mài jiājù,　xiànzài zuò yǎnjìng shēngyi le.

张　云：生　意 很 好 吧？
　　　　Shēngyi hěn hǎo ba?

大　卫：还　行。
　　　　Hái xíng.

张　云：今天　你 为 什么 没 交 作业？
　　　　Jīntiān nǐ wèi shénme méi jiāo zuòyè?

大　卫：昨 天 我　跟 山本 一起 去 滨海 路 了。……时间不早了，
　　　　Zuótiān wǒ gēn Shānběn yìqǐ qù Bīnhǎi Lù le.……Shíjiān bù zǎo le,

　　　　我 走 了。
　　　　wǒ zǒu le.

张　云：以后 有 问题 告诉 我。
　　　　Yǐhòu yǒu wèntí gàosu wǒ.

第 7 课　找 人
Lesson 7　Looking for somebody

103

二 常用句　Useful sentences

1. 请问，张老师在吗？
2. 她现在不在，三点以后再来吧。
3. 你找我有事吗？
4. 你为什么没交作业？
5. 昨天我跟山本一起去滨海路了。

三 生　词　New words

1.	找	zhǎo	（动）	look for
2.	进	jìn	（动）	enter; come in
3.	在	zài	（动）	at place; exist
4.	位	wèi	（量）	a measure word used for people
5.	高	gāo	（形）	tall; high
6.	个子	gèzi	（名）	height
7.	戴	dài	（动）	put on
8.	女	nǚ	（形）	female
9.	现在	xiànzài	（名）	now; current; present
10.	上课	shàng kè		have class; go to class
11.	了	le	（助）	aspect marker and mood particle used at the end of a clause to indicate a change or the appearance of a new situation

12. 以后	yǐhòu	(名)	after; later	
13. 再	zài	(副)	again	
14. 下课	xià kè		finish class; get out of class	
15. 慢	màn	(形)	slow	
16. 地	de	(助)	a structural auxiliary used after an adverbial	
17. 提高	tígāo	(动)	improve; enhance	
18. 水平	shuǐpíng	(名)	level	
19. 办法	bànfǎ	(名)	method; means	
20. 多	duō	(形)	many; much	
21. 做	zuò	(动)	to do	
22. 明白	míngbai	(动、形)	understand; clear	
23. 懂	dǒng	(动)	understand	
24. 不错	búcuò	(形)	good	
25. 生意	shēngyi	(名)	business	
26. 以前	yǐqián	(名)	before	
27. 卖	mài	(动)	sell	
28. 家具	jiājù	(名)	furniture	
29. 还行	hái xíng		comparatively good	
30. 为什么	wèi shénme		why	
31. 昨天	zuótiān	(名)	yesterday	
32. 跟	gēn	(介)	with	
33. 时间	shíjiān	(名)	time	
34. 早	zǎo	(形)	previous; early	
35. 告诉	gàosu	(动)	tell; inform	

第 7 课　找　人

Lesson 7 Looking for somebody

105

36. 难	nán	（形）	difficult
37. 意思	yìsi	（名）	meaning
38. 长	cháng	（形）	(space or time) long; extra
39. 容易	róngyì	（形）	easyliable

专 名 Proper nouns

张 云　　　Zhāng Yún　　　　　name of a person

四 语言点　Language points

（一）基本句　Basic sentence patterns

1. 表示存在的"在"字句

Sentence of existence with the verb "在"

动词"在"表示存在，前边是事物或人，后边是地方。句式：

The verb "在" meaning existence is used after the nouns of an object or a person and before the nouns of location. Sentence pattern:

名（事物/人） ＋ 在 ＋ 名（地方）
noun (object/person) ＋ 在 ＋ noun (location)

(1) 他　　　　在　教室。
(2) 金美英　　不在　家。

2. "和/跟……一起"　The phrase "和/跟……一起"

表示动作协同。句式：

The phrase "和/跟……一起" means the action that happens in coordination. Sentence pattern:

> A 和 B + 一起 + 动
> A and B + 一起 + verb

(1) 我 和 山本 一起 去教室。

(2) 我想和 爸爸 一起 做生意。

（二）词语用法 Usages of words and phrases

1. 句尾"了"

The usage of auxiliary word"了"at the end of the sentence

可以表示实现、提醒和变化等。例如：

"了"is used to indicate the meaning of realization, reminding of or changing. For example:

(1) 昨天我和山本一起去滨海路了。　　　（实现）

(2) 时间不早了，走吧。　　　　　　　　（提醒）

(3) 他以前卖家具，现在做眼镜生意了。　（变化）

2. 副词"再"   The usage of the adverb"再"

用于动词前，表示动作行为将第二次或重复进行。例如：

The adverb"再"is used before an verb to indicate the action will happen the second time or again. For example:

(1) 三点以后再来吧。

(2) 我想再买点儿苹果。

▲"又"也表示动作行为第二次或重复进行，但用于已然情况，不能用于未然情况。例如：

When"又"is used to denote an action of behavior, it means the action was done or went on second time or repeated or repeating. It can only refer to the action happened in the past, but not the action that will happen in the future. For example:

(1) 今天他又去海边了。

（2）× 明天我想又买一本词典。

3. 结构助词"地"　　Structural auxiliary "地"

表示它前边的词语是状语，它后边一般是动词或形容词。例如：

Structural auxiliary "地" indicates the words or phrases before it are an adverbial, and a verb or an adjective usuall follows after it. For example:

（1）你慢慢地说。
（2）你好好地学习吧。

4. 形容词重叠　　Adjective reduplication

形容词重叠表示程度加深，一般相当于"很+形容词"，所以重叠后不再受"很"等程度副词修饰。重叠有两种方式：

Adjective reduplication indicates the strengthen of the degree, which means "很 + adj.". Therefore, adverbs like "很" can not be used to modify the adjective reduplication. There are two kinds of adjective reduplication:

① 单音节——AA 式：
　　Single syllable——AA structure：

　　高高　　多多　　大大　　早早　　慢慢

② 双音节——AABB 式：
　　Double syllables——AABB structure：

　　漂亮——漂漂亮亮　　　高兴——高高兴兴

重叠后常在名词前作定语，这时一定要用"的"。例如：

Once the adjective is reduplicated, it usually modifies a noun and "的" usally has to be used. For example:

　　蓝蓝的天　　白白的云　　高高的个子　　漂漂亮亮的家具

也常在动词前作状语，这时 AA 式可以用"地"，常表示对动作的描写；也可以不用"地"，常表示祈使。AABB 式一定要用"地"。例如：

Adjective reduplication is usally used as an adverbial to modify a verb. In such case, "地" may be used in AA structure to describe an action and may not be used to show one's imperatival feeling. But in AABB structrure, "地" can not be omited. For example:

慢慢（地）写　　多多（地）练习
高高兴兴地说

五 操练与交际　Practice and communication

（一）读下列音节，注意辨别声母
Read the following syllables and pay attention to distinguish the initials

bànfǎ—fàn fǎ　　róngyì—yòngyì　　cháng—cáng
shíjiān—shíxiàn　　zuò—cuò　　shāngfàn—xiāngfàn
jiājù—jiāzhù　　shēngyi—shēngrì　　dǒng—tǒng

（二）读下列音节，注意辨别韵母和声调
Read the following syllables and pay attention to distinguish the finals and the tones

shíjiān—shíjiàn　　niánqīng—niángqīn　　míngbai—miánbèi
nán—nàn　　zuótiān—zútán　　mǎi—mài　　duō—duó
yǐhòu—yǔhòu　　wèi—wài　　màn—mǎn　　kèqi—kěqi

（三）熟读下列短语　Read up the following phrases

在宿舍　　在商店　　在教室
在山本那儿　　在老师那儿

两点以后　　　　三点以后　　　　五点半以后
八点以后　　　　下课以后
再找　　再来　　再去　　再买　　再戴
多看　　多说　　多听　　多写　　多做
汉语不错　　　水果不错　　　铅笔不错
作业不错　　　风景不错
告诉老师　　　告诉大卫　　　告诉他
告诉我　　　　告诉学生

（四）用本课的生词填空
Fill in the blanks with the new words in this lesson

1. 他是一_____很好的老师。
2. 大卫的个子很_____。
3. 金美英不_____眼镜。
4. 留学生说汉语都非常_____。
5. 我们想下课_____去找张老师。
6. 课文很难，我不_____。
7. 大卫的爸爸做眼镜_____。
8. 请问这个词是什么_____？
9. 张老师很_____。
10. 我们每天学汉语的时间很_____。

（五）词语搭配　Collocations of words and expressions

找_____　　戴_____　　在_____　　提高_____
做_____　　告诉_____　　_____长　　_____容易
_____难　　_____早　　_____明白　　_____再

(六) **选词填空** Fill in the blanks with the given words

再　　又

1. 请慢走，有空儿_____来。
2. 孙明_____认识一个朋友。
3. 金美英和高桥_____去商店了。
4. 我想明天_____去找张老师。

(七) **用"了"完成下列句子**
Complete the following sentences with "了"

1. 他不在家，他去_____。
2. 我以前学习日语，现在_____。
3. 八点多了，时间_____。
4. 这个问题我现在_____。
5. 昨天我跟山本一起_____。

(八) **在需要的地方填上"地"或"的"**
Fill in the blanks with "地" or "的" where necessary

1. 现在两点了，我们快_____走吧。
2. 这是一个很容易_____问题。
3. 大卫和同学们高高兴兴_____去海边了。
4. 老师告诉我们多多_____说，多多_____听。
5. 张老师高高_____个子，戴个眼镜。
6. 蓝蓝_____天，绿绿_____树，风景非常漂亮。
7. 很多人都说汉语难_____学。
8. 你慢慢_____找吧。

（九）句子替换　Sentence substitution

1

金美英	她	上课
大卫	他	商店
高桥	她	超市
孙明	他	买水果

A：请问，张老师在吗？
B：在。
　（不在，她去教室了。）

2

两点
四点半
一点半
下课

她现在不在，三点以后再来吧。

3

看
听
找
说
跑

A：你慢慢地学吧。
B：好的。

4

超市
教室
商店
学校
老师那儿

昨天我跟山本一起去滨海路了。

(十) 把下面的句子变成否定句

Change the following sentences to negative ones

1. 大卫去教室了。

2. 他在宿舍。

3. 这条小路很长。

4. 学汉语很容易。

5. 高桥去上课了。

6. 我明白了。

(十一) 完成会话 **Complete the following conversations**

1. 山本去孙明的宿舍找孙明。

  山　本：_____？

  学　生：他现在不在。

  山　本：他去哪儿了？

  学　生：_____

  山　本：他什么时候在？

  学　生：_____（以后）

2. 在办公室。

  张老师：你找我有事吗？

  大　卫：_____

  张老师：你说吧。

大　卫：我想很快地提高汉语水平，有什么办法吗？

张老师：_____

山　本：我懂了。

(十二) 交际　　Role play

完成任务：Fulfill the tasks:

1. 去办公室找你的老师。

   Go to the office to meet your teacher.

2. 去宿舍找你的朋友。

   Go to the dormitory to see your friend.

留学生 宿舍 在 哪儿
Liúxuéshēng sùshè zài nǎr

Where is the international students dormitory?

第 8 课 / Lesson 8

一 课文 Text

(一) 在 学校 门口 at the school gate
Zài xuéxiào ménkǒu

王 兰： 请问， 留学生 宿舍 在 哪儿？
Qǐngwèn, liúxuéshēng sùshè zài nǎr?

孙 明： 就在 食堂 旁边。
Jiù zài shítáng pángbiān.

王 兰： 食堂 在 哪儿？
Shítáng zài nǎr?

115

孙　明：你看那边有个图书馆，图书馆后边就是食堂。
Nǐ kàn nàbian yǒu ge túshūguǎn, túshūguǎn hòubian jiù shì shítáng.

王　兰：知道了，谢谢。
Zhīdao le, xièxie.

孙　明：不客气。
Bú kèqi.

Zài Jīn Měiyīng de sùshè
（二）在金美英的宿舍
In Jīn Meiying's dormitory

王　兰：你们学校真漂亮。
Nǐmen xuéxiào zhēn piàoliang.

金美英：我们学校北面有座山，南面有个公园，
Wǒmen xuéxiào běimian yǒu zuò shān, nánmian yǒu ge gōngyuán,

东边是个广场，西边是条小河。
dōngbian shì ge guǎngchǎng, xībian shì tiáo xiǎohé.

王　兰：学校里都有什么？
Xuéxiào li dōu yǒu shénme?

金美英：这儿有地图。这边是汉语学院，操场在汉语
Zhèr yǒu dìtú. Zhèbian shì Hànyǔ xuéyuàn, cāochǎng zài Hànyǔ

学院的前边，图书馆和操场中间有一个小
xuéyuàn de qiánbian, túshūguǎn hé cāochǎng zhōngjiān yǒu yí ge xiǎo

花园，里边都是花。
huāyuán, lǐbian dōu shì huā.

王兰：有留学生食堂吗？
Yǒu liúxuéshēng shítáng ma?

金美英：当然有，我很少在那儿吃。
Dāngrán yǒu, wǒ hěn shǎo zài nàr chī.

王兰：你在哪儿吃？
Nǐ zài nǎr chī?

金美英：附近有几个小饭店，菜很好吃，也不贵。我们
Fùjìn yǒu jǐ ge xiǎo fàndiàn, cài hěn hǎochī, yě bú guì. Wǒmen

都在那儿吃。
dōu zài nàr chī.

二 常用句　Useful sentences

1. 留学生宿舍在哪儿？
2. 留学生宿舍就在食堂旁边。
3. 图书馆后面就是食堂。
4. 我们学校北面有座山。
5. 图书馆和操场中间有一个小花园。

三 生词 New words

1. 就	jiù	（副）	just
2. 食堂	shítáng	（名）	dining room
3. 旁边	pángbiān	（名）	beside
4. 那边	nàbian	（代）	that side; there
5. 图书馆	túshūguǎn	（名）	library
6. 后边	hòubian	（名）	at the back; behind
7. 知道	zhīdao	（动）	know; realise
8. 客气	kèqi	（形、动）	polite, modest; behave courteously
9. 北面	běimian	（名）	north
10. 座	zuò	（量）	a measure word used mostly for large or fixed objects
11. 山	shān	（名）	hill
12. 南面	nánmian	（名）	south
13. 公园	gōngyuán	（名）	park
14. 东边	dōngbian	（名）	east
15. 广场	guǎngchǎng	（名）	square
16. 西边	xībian	（名）	west
17. 河	hé	（名）	river
18. 里	lǐ	（名）	inside
19. 地图	dìtú	（名）	map
20. 这边	zhèbian	（代）	this side; here
21. 操场	cāochǎng	（名）	playground; sports field

22. 前边	qiánbian	（名）	forward
23. 中间	zhōngjiān	（名）	middle; between
24. 花园	huāyuán	（名）	garden
25. 里边	lǐbian	（名）	inside
26. 花	huā	（名）	flower
27. 当然	dāngrán	（副）	of course
28. 少	shǎo	（形）	little; few
29. 在	zài	（介）	in
30. 吃	chī	（动）	eat
31. 附近	fùjìn	（名）	nearyby
32. 饭店	fàndiàn	（名）	hotel; restaurant
33. 菜	cài	（名）	dish; vegetables
34. 好吃	hǎochī	（形）	delicious
35. 贵	guì	（形）	expensive
36. 北边	běibian	（名）	north
37. 教学	jiàoxué	（名）	teaching
38. 南边	nánbian	（名）	south
39. 上边	shàngbian	（名）	above
40. 右边	yòubian	（名）	right side
41. 外	wài	（名）	outside
42. 东面	dōngmian	（名）	east

专 名　Proper nouns

| 王兰 | Wáng Lán | name of a person |

四 语言点　Language points

（一）基本句　Basic sentence patterns

"有"字句(2) 和 "是"字句(2) 表示存在
The sentence of existence of "有" (2) and "是" (2)

"有"字句句式：
The structure of the sentence of existence of "有":

> 方位　＋ 有 ＋　数量　＋ 名词
> location　＋ 有 ＋ numeral ＋ noun

(1) 我们学校北面有（一）座山。
(2) 图书馆前边有个小花园。

"是"字句句式：
The structure of the sentence of existence of "是":

> 方位　＋ 是 ＋　数量　＋ 名词
> location　＋ 是 ＋ numeral ＋ noun

(1) 北面是山，南面是公园。
(2) 东边是个广场，西边是条小河。

（二）词语用法　Usages of words and phrases

1. 介词"在"　Preposition "在"

表示动作发生的地点。例如：
Preposition "在" is used to indicat the location of an action. For example:

(1) 我在食堂吃饭。
(2) 玛丽亚在图书馆看书。
(3) 大卫在操场跑步。

▲ 下面的"在"是动词,表示存在:

The word "在" used in the following examples are the use of verbs which indicate the existence:

(1) A: 留学生宿舍在哪儿?

　　B: 就在图书馆北边。

(2) 张老师在吗?

(3) 金美英不在宿舍。

2. 方位词　Noun of locality

方位词是表示方向或位置的名词,分单纯和合成两类。单纯方位词有:东、西、南、北、前、后、左、右、上、下、里、外等,一般不单说。单纯方位词后边加上"边"或"面"就构成合成方位词。"……边"和"……面"意思相同,前者多用于口语,后者多用于书面语。

A noun of locality, used to denote either direction or position, can be classified into two categories: simple locality and compound locality. Simple localities are: 东, 西, 南, 北, 前, 后, 左, 右, 上, 下, 里, 外 and so on, which generally are not used isolated. When simple localities are followed by "边" or "面", they are then the compound localities. The meaning of "……边" and "……面" are the same. The former is often used in oral Chinese and the latter in written Chinese.

	东	西	南	北	前	后	左	右	上	下	里	外
边	东边	西边	南边	北边	前边	后边	左边	右边	上边	下边	里边	外边
面	东面	西面	南面	北面	前面	后面	左面	右面	上面	下面	里面	外面

五 操练与交际　Practice and communication

(一) 读下列音节，注意辨别声母
Read the following syllables and pay attention to distinguish the initials

pángbiān—fángjiān　　　cāochǎng—zǎoshang
xībian—shīpiān　　　　zhīdao—jījiào
guǎngchǎng—guǎnzhǎng　　jiāoxué—jiàojué

(二) 读下列音节，注意辨别韵母和声调
Read the following syllables and pay attention to distinguish the finals and the tones

fàndiàn—fàngdiàn　　hǎochī—hàochī　　guì—gěi　　chī—qī
kěqì—kèqi　　　　shítáng—shītán　　jiàoxué—jiāoxié

(三) 熟读下列短语　Read up the following phrases

公园旁边	图书馆旁边	操场旁边	教学楼旁边	花园旁边
当然知道	当然吃	当然好吃	当然贵	当然明白
食堂附近	饭店附近	小山附近	广场附近	宿舍附近
就在南边	就在前边	就在里边	就在上边	就在右边

(四) 用本课的生词填空
Fill in the blanks with the new words in this lesson

1. 学校_____的书很多。

2. 我去学校里边的_____吃饭。

3. 我_____什么时候上听力课。

4. 东边有一＿＿＿＿＿山。

5. 山的后边有一条＿＿＿＿＿。

6. 这个饭店的菜非常＿＿＿＿＿。

7. 现在饭店里的人很＿＿＿＿＿。

8. 有问题＿＿＿＿＿问老师。

9. 我们都在＿＿＿＿＿楼上课。

10. 商店的水果不＿＿＿＿＿。

(五) 词语搭配　Collocations of words and expressions

附近＿＿＿＿　当然＿＿＿＿　　　好吃＿＿＿＿　中间＿＿＿＿
外＿＿＿＿　　吃＿＿＿＿　　　　座＿＿＿＿　　少＿＿＿＿
贵＿＿＿＿　　　　　　　　　　　里＿＿＿＿

(六) 句子替换　Sentence substitution

1

教学楼	食堂	南边
公园	山	北边
饭店	学校	东边
商店	超市	西边

A：请问，<u>留学生宿舍</u>在哪儿？
B：就在<u>食堂</u>旁边。

A：食堂在哪儿？
B：你看那边有个图书馆，
　　图书馆后边就是食堂。

2

图书馆	花园	南面
教学楼	书店	北面
宿舍	操场	东面
公园	商店	西面

第 8 课　留学生宿舍在哪儿

3

学校	公园	商店
宿舍	教学楼	操场
食堂	图书馆	宿舍
超市	商店	书店

图书馆和操场中间有一个小花园。

A：学校有留学生食堂吗？
B：当然有，就在教学楼前边。

4

书店	右边
花园	后边
操场	前边
图书馆	旁边

5

学习	教学楼
看书	图书馆
跑步	操场
上课	教室

A：你在哪儿吃饭？
B：我在饭店吃饭。

（七）**句型变换** Sentence patterns transformation

A 例：商店前边有一个书店。
　　　商店前边是一个书店。

1. 宿舍北边有一个操场。

2. 公园后边有一座大山。

3. 图书馆和教学楼中间有一个小花园。

4. 我家东边有一条小河。

5. 桌子上边有一本汉语课本。

B 例：商店前边是一个书店。
　　　书店在商店前边。

6. 教学楼和图书馆的中间是一个操场。

7. 商店的旁边是一个书店。

8. 小河的东边是一座山。

9. 桌子上边是一本《韩汉词典》。

10. 花园前边是一个食堂。

(八) 看图介绍一下你们学校，注意使用"是"、"有"、"在"和方位词
Talk about your school according the picture given below and pay attention to the usage of words "是", "有", "在" and words of location

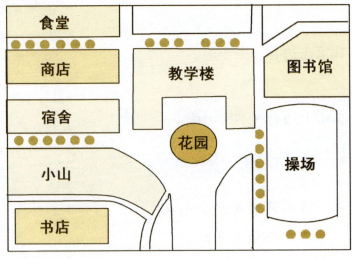

 北

(九) 完成会话　Complete the following conversations

1. 王兰来到金美英的学校。

   王　兰：请问，留学生宿舍在哪儿？
   孙　明：_____
   王　兰：图书馆在哪儿？
   孙　明：你看。
   王　兰：知道了，谢谢你。
   孙　明：_____

2. 王　兰：你们学校真漂亮。
   金美英：_____
   王　兰：学校里都有什么？
   金美英：_____

王　兰：图书馆里的书多吗？

金美英：当然_____，可是我很少去那儿。

王　兰：为什么呢？

金美英：_____

（十）读后判断对错

Read the following passage first and fill in the brackets with "√" or "×"

我们的学校很大，风景也非常漂亮。学校在海边的一座小山上。学校的旁边还有一个公园，每天都有很多人在里边跑步、锻炼身体。我们也去公园看书。学校里边有很多绿树和大楼。学校的中间是一个操场，操场北面有一个食堂，食堂的菜不贵，非常好吃。操场的东面就是我们的宿舍，操场的西边就是教学楼。图书馆在操场的南面。图书馆前边有一个小花园，东边有一个商店。

1. 我们学校很小。　　　　　　　　　　　　　　（　）

2. 学校在一座小山上。　　　　　　　　　　　　（　）

3. 学校的旁边有一条小河。　　　　　　　　　　（　）

4. 每天都有很多人在公园里跑步、锻炼身体。　　（　）

5. 学校的中间是一个食堂。　　　　　　　　　　（　）

6. 食堂在操场的北面。　　　　　　　　　　　　（　）

7. 食堂的菜非常贵。　　　　　　　　　　　　　（　）

8. 我们的宿舍在操场的南面。　　　　　　　　　（　）

9. 图书馆在操场的南面。　　　　　　　　　　　（　）

10. 学校里没有商店。　　　　　　　　　　　　　（　）

第9课 Lesson 9

Qù péngyou de sùshè
去 朋友 的 宿舍
Going to a friend's dormitory

目标汉语·基础篇 I
Go for Chinese · Elementary Level 1

一 课文 Text

Zài zǒuláng li
(一) 在 走廊 里 In the corridor

玛丽亚：田 中，好久 不见，最近 工作 忙 不 忙？
　　　　Tiánzhōng, hǎojiǔ bú jiàn, zuìjìn gōngzuò máng bu máng?

田　中：很 忙。你 衣服 真 漂亮。
　　　　Hěn máng. Nǐ yīfu zhēn piàoliang.

玛丽亚：谢谢。你有急事?
Xièxie. Nǐ yǒu jí shì?

田 中：我去办公室找 王 老师请假。
Wǒ qù bàngōngshì zhǎo Wáng lǎoshī qǐng jià.

玛丽亚：你快去吧。
Nǐ kuài qù ba.

田 中：再见。
Zàijiàn.

玛丽亚：再见。
Zàijiàn.

（二）在 大卫 的 宿舍　In David's dormitory
Zài Dàwèi de sèshè

大 卫：玛丽亚，快请进。
Mǎlìyà, kuài qǐng jìn.

玛丽亚：你 房间 这么 干净。
Nǐ fángjiān zhème gānjìng.

大 卫：哪里 哪里。请 坐，你喝咖啡 还是 茶?
Nǎli nǎli. Qǐng zuò, nǐ hē kāfēi háishi chá?

玛丽亚：我 要 一 杯 茶，谢谢。听说 你 去 滨海 路 了？
　　　　Wǒ yào yì bēi chá, xièxie. Tīngshuō nǐ qù Bīnhǎi Lù le?

大　卫：对，和 山本、孙 明 一起 去 的。
　　　　Duì, hé Shānběn、Sūn Míng yìqǐ qù de.

玛丽亚：你们 是 骑车 还是 坐 公共 汽车？
　　　　Nǐmen shì qí chē háishì zuò gōnggòng qìchē?

大　卫：都 不 是，是 走路 去 的。这 是 那 天 照 的 照片儿。
　　　　Dōu bú shì, shì zǒu lù qù de. Zhè shì nà tiān zhào de zhàopiānr.

玛丽亚：非 常 美。你们 累 不 累？
　　　　Fēicháng měi. Nǐmen lèi bu lèi?

大　卫：他们 俩 觉得 累，我 还 行。
　　　　Tāmen liǎ juéde lèi, wǒ hái xíng.

玛丽亚：我 走 了。谢谢 你 的 茶。
　　　　Wǒ zǒu le. Xièxie nǐ de chá.

大　卫：请 慢 走。
　　　　Qǐng màn zǒu.

玛丽亚：请 回 吧。
　　　　Qǐng huí ba.

二 常用句 Useful sentences

1. 最近工作忙不忙？
2. 你房间这么干净。
3. 你喝咖啡还是茶？
4. 我要一杯茶。
5. 我和山本、孙明一起去的。

三 生词 New words

1. 房间	fángjiān	（名）	room	
2. 好久	hǎojiǔ	（形）	a long time	
3. 最近	zuìjìn	（名）	recently	
4. 工作	gōngzuò	（动、名）	work; job	
5. 忙	máng	（形）	busy	
6. 衣服	yīfu	（名）	clothing	
7. 急	jí	（形）	anxious	
8. 办公室	bàngōngshì	（名）	office	
9. 请假	qǐng jià		ask for leave	
10. 这么	zhème	（代）	so; such	
11. 干净	gānjìng	（形）	clean	
12. 坐	zuò	（动）	sit	
13. 喝	hē	（动）	drink	
14. 咖啡	kāfēi	（名）	coffee	
15. 还是	háishì	（连）	or	
16. 茶	chá	（名）	tea	
17. 要	yào	（动）	want	
18. 杯	bēi	（名、量）	cup; a measure word used for cup	
杯子	bēizi	（名）	cup; glass	
19. 骑	qí	（动）	ride (an animal or bicycle)	
20. 车	chē	（名）	bicycle; vehicle	

Lesson 9 Going to a friend's dormitory 第 9 课 去朋友的宿舍

131

21.	公共汽车	gōnggòng qìchē		bus
22.	照	zhào	（动）	take a picture
23.	照片	zhàopiàn	（名）	photograph
24.	美	měi	（形）	beautiful; pretty
25.	累	lèi	（形）	tired
26.	俩	liǎ	（数量）	two
27.	觉得	juéde	（动）	think; feel
28.	回	huí	（动）	return
29.	牛奶	niúnǎi	（名）	milk
30.	汽车	qìchē	（名）	car; automobile
31.	出租车	chūzūchē	（名）	taxi
32.	瓶	píng	（名、量）	bottle; a measure word used for bottle
33.	钢笔	gāngbǐ	（名）	pen
34.	起床	qǐ chuáng		get up
35.	辆	liàng	（量）	a measure word used for vehicles
36.	学习	xuéxí	（动）	study; learn

专名 Proper nouns

田中	Tiánzhōng	name of a person

四 语言点 Language points

（一）基本句 Basic sentence patterns

1. 正反问句 Affirmative-negative question

用形容词或动词的肯定形式和否定形式进行提问，意义相当于一般疑问句"……吗"。例如：

Affirmative-negative question is a form of interrogative sentence which uses the affirmative and negative form of an adjective or a verb to intterogate and its meaning is almost the same with "……吗?". For example:

(1) 最近工作忙不忙？（最近工作忙吗？）
(2) 这件衣服漂亮不漂亮？（这件衣服漂亮吗？）
(3) 我们一起坐公共汽车去，好不好？
(4) 你有没有哥哥？

2. 主谓谓语句

Sentences with subject and predicate as a predicate

就是主谓短语作谓语的句子。句式：

Sentences with subject and predicate as a predicate are the ones in which the predicate is formed of a subject and a predicate. Sentence structure:

大主语	+	小主语	+	谓语
major subject	+	minor subject	+	predicate

(1) 你　　　　　衣服　　　　真漂亮。
(2) 大卫　　　　房间　　　　非常干净。

3. 选择问句 Alternative Interrogative sentence

句式：（是）A 还是 B？
Sentence structure: （是）A 还是 B？

A 和 B 可以是名词性的，也可以是动词性或形容词性的。例如：

The element of A and B may be nominal one or a verbal or an adjective one. For example:

(1) 你喝咖啡还是茶？
(2) 你们是骑车还是坐公共汽车？
(3) 是今天还是明天？
(4) 留学生多还是少？

（二）词语用法 Usages of words and phrases

这么　　The usage of the phrase "这么"

用于指示程度或方式等。指示程度时有强调程度较高的语气，相当于"很"。例如：

"这么" meaning "很" denotes the degree or manner. When used to denote the degree, it highlights the higher of the degree. For example:

(1) 你房间这么干净。　　　（很干净）
(2) 在这儿吃饭这么贵。　　（很贵）
(3) "热情"这么写。　　　　（方式）

五 操练与交际　Practice and communication

（一）读下列音节，注意辨别声母

Read the following syllables and pay attention to distinguish the initials

chā—cā　　　liàng—niàng　　qí—jí　　lèi—nèi
zuò—cuò　　　chū—qū　　　　hē—kē
píng—bīng　　bēi—pēi　　　　yào—rào

（二）读下列音节，注意辨别韵母和声调
Read the following syllables and pay attention to distinguish the finals and the tones

hǎojiǔ—hē jiǔ　　qǐ chuáng—qìchuán　　yīfu—yīfu
gānjìng—gǎnjǐn　　bēizi—bèizi　　fángjiān—fàng jià
háishì—hǎishī　　qí chē—qìchē　　qǐng jià—qǐngjiào

（三）熟读下列短语　Read up the following phrases

这么干净　　这么漂亮　　这么美
这么贵　　这么忙　　这么累
喝水　　喝咖啡　　喝茶　　喝矿泉水　　喝牛奶
要咖啡　　要茶　　要钱　　要课本　　要词典
坐车　　坐汽车　　坐公共汽车　　坐出租车
觉得难　　觉得容易　　觉得累　　觉得贵　　觉得忙
回国　　回家　　回宿舍　　回房间　　回教室

（四）用本课的生词填空
Fill in the blanks with the new words in this lesson

1. 他的房间非常_____。
2. 田中去找王老师_____。
3. 我要买一_____矿泉水。
4. 你要铅笔_____钢笔？
5. 我们想下课以后_____宿舍学习。
6. 我_____汉语的发音很难。

7. 你　　　　　的照片非常漂亮。

8. 你每天什么时候　　　　　？

9. 丁老师的工作很　　　　　。

10. 我们每天骑　　　　　去学校。

(五) 词语搭配　Collocations of words and expressions

　　　　房间　　　觉得　　　　这么　　　　　要
回　　　　　　　坐　　　　　　　　　干净　　　　　忙
　　　　起床　　　照　　　　　骑

(六) 填量词　Fill in the blanks with measure words

一　　　咖啡　　两　　　汽车　　三　　　矿泉水
四　　　茶　　　五　　　河　　　六　　　山

(七) 句子替换　Sentence substitution

1

学习　　　　累
这本书　　　贵
这儿的菜　　好吃
房间　　　　干净

A：<u>工作</u><u>忙</u>不<u>忙</u>？
B：很<u>忙</u>。

2

你	房间	干净
滨海路	风景	美
书店	书	多
你	发音	不错
丁老师	工作	忙

你衣服真漂亮。

3

吃	苹果	香蕉
买	铅笔	钢笔
坐	车	骑车
去	食堂	饭店

A：你喝咖啡还是茶？
B：我喝咖啡。

（八）把下面的一般问句变换成正反问句

Transform the following sentences into affirmative-negative questions

例：你的课本新吗？
你的课本新不新？

1. 你爸爸工作忙吗？

2. 金美英在宿舍吗？

3. 你下午有基础汉语课吗？

4. 你觉得汉语难吗？

5. 山本是日本留学生吗？

(九) 用线将词语连接起来，并用"还是"组成选择问句

Connecting the following phrases into alternative questions by using "还是"

去商店	七点半起床
坐车去	坐公共汽车
坐出租车	买课本
在食堂吃	骑车去
学汉语	一块七
七点起床	学英语
一块一	去书店
买本子	在饭店吃

(十) 用线将词语连接起来，并组成主谓谓语句，注意使用"很"、"非常"、"真"、"不"

Make sentences with subject-predicate as predicate by linking the following words and phrases together and pay attention to the uses of "很", "非常", "真" and "不"

金美英房间	累
丁老师工作	忙
大卫身体	好
山本学习	干净
教室桌子	高
王老师个子	新

138

（十一）完成会话　Complete the following conversations

1. 孙明在宿舍门口遇见大卫。

    孙　明：大卫，_____？（好久，忙不忙）

    大　卫：_____，你呢？

    孙　明：我也很忙。你去哪儿？

    大　卫：_____。

    孙　明：再见。

2. 金美英去玛丽亚的房间。

    玛丽亚：金美英，快请进。

    金美英：_____

    玛丽亚：哪里那里。_____？（还是）

    金美英：我吃苹果。你昨天去书店了？

    玛丽亚：对，我和_____一起_____。

    金美英：_____？（还是）

    玛丽亚：我们坐出租汽车去的。

    金美英：那儿的书_____？

    玛丽亚：还行。

    （金美英要走了）

    玛丽亚：_____

    金美英：请回吧。

（十二）交际　Role play

1. 在图书馆门口看见你的老师。

    You have met your teacher at the gate of the library.

2. 看图说话。Talk about the pictures given below.

3. 完成任务：Fulfill the the tasks:

去学生宿舍看朋友。

You are going to your friend's dormitory.

Zhǔbèi guò shēngrì
准备过生日
Preparing for a birthday party

第 10 课
Lesson 10

一 课文 Text

(一) Xià kè de shíhou
下 课 的 时候　During the interval of the class

爱　米：今天 10 月 14 号，星期四。
　　　　Jīntiān shíyuè shísì hào, xīngqīsì.

金美英：对了，后天我过生日。
　　　　Duì le, hòutiān wǒ guò shēngrì.

高　桥：美英，今年你多大？
　　　　Měiyīng, jīnnián nǐ duō dà?

141

金美英：我1989年10月16日出生，今年21岁。
Wǒ yī jiǔ bā jiǔ nián shíyuè shíliù rì chūshēng, jīnnián èrshíyī suì.

爱　米：是吗？后天星期六，全班同学一起庆祝班长
Shì ma? hòutiān xīngqīliù, quán bān tóngxué yìqǐ qìngzhù bānzhǎng

的生日，好不好？
de shēngrì, hǎo bu hǎo?

同学们：好，同意。
Hǎo, tóngyì.

金美英：这多不好意思。
Zhè duō bù hǎoyìsi.

爱　米：没关系，周末我们一起开个生日晚会吧。
Méi guānxi, zhōumò wǒmen yìqǐ kāi ge shēngrì wǎnhuì ba.

山　本：星期六晚上六点，在四海餐厅，行不行？
Xīngqīliù wǎnshang liù diǎn, zài Sìhǎi Cāntīng, xíng bu xíng?

爱　米：行。准备点儿什么呢？
Xíng. Zhǔnbèi diǎnr shénme ne?

山　本：生日蛋糕和礼物就行了。
Shēngrì dàngāo hé lǐwù jiù xíng le.

高　桥：好，女同学买个蛋糕，男同学买几件礼物。
Hǎo, nǚ tóngxué mǎi ge dàngāo, nán tóngxué mǎi jǐ jiàn lǐwù.

金美英：那我做什么？
Nà wǒ zuò shénme?

高　桥：去买件衣服吧！
Qù mǎi jiàn yīfu ba!

(二) 在 四海 餐厅 Zài Sìhǎi Cāntīng In the Sihai Restaurant

山　　本：田 老板，最近 生意 好 不 好？
　　　　　Tián lǎobǎn, zuìjìn shēngyi hǎo bu hǎo?

田 老 板：还 行，你 有 事 吧？
　　　　　Hái xíng, nǐ yǒu shì ba?

山　　本：星期六 晚上 六点 想 在 你 这儿 开 个 生日
　　　　　Xīngqīliù wǎnshang liù diǎn xiǎng zài nǐ zhèr kāi ge shēngrì

　　　　　晚会，有 十 几 个 人。
　　　　　wǎnhuì, yǒu shí jǐ ge rén.

田 老 板：没 问题，有 什么 要求？
　　　　　Méi wèntí, yǒu shénme yāoqiú?

山　　本：你 准备 点儿 酒 和 水 果 吧。
　　　　　Nǐ zhǔnbèi diǎnr jiǔ hé shuǐguǒ ba.

田 老 板：行。
　　　　　Xíng.

山　　本：那 我们 后天 大概 差 十 分 六 点 到 这儿。
　　　　　Nà wǒmen hòutiān dàgài chà shí fēn liù diǎn dào zhèr.

田 老 板：好 的。
　　　　　Hǎo de.

二 常用句 Useful sentences

1. 今天10月14号，星期四。
2. 今年你多大？
3. 我1989年10月16日出生，今年21岁。
4. 我们大概差十分六点到这儿。

三 生词 New words

1.	准备	zhǔnbèi	（动）	prepare; get ready
2.	过	guò	（动）	cross; pass
3.	生日	shēngrì	（名）	birthday
4.	月	yuè	（名）	month
5.	号	hào	（名）	date
6.	星期	xīngqī	（名）	week
7.	对了	duì le		used to change another topic
8.	后天	hòutiān	（名）	day after tomorrow
9.	今年	jīnnián	（名）	this year
10.	多	duō	（副）	(used in question) to what extent; very
11.	年	nián	（名）	year
12.	日	rì	（名）	day
13.	出生	chūshēng	（动）	born

144

14. 岁	suì	(量)	a measure word used for age
15. 全	quán	(形)	whole; complete
16. 庆祝	qìngzhù	(动)	celebrate
17. 班长	bānzhǎng	(名)	class monitor
18. 同意	tóngyì	(动)	agree
19. 不好意思	bù hǎoyìsi		feel embarrassed; find it embarrassing (to do sth.)
20. 周末	zhōumò	(名)	weekend
21. 开	kāi	(动)	hold a (meeting/etc.)
22. 晚会	wǎnhuì	(名)	evening party
23. 餐厅	cāntīng	(名)	dining-hall
24. 蛋糕	dàngāo	(名)	cake
25. 男	nán	(形)	man; male
26. 件	jiàn	(量)	a measure word used for individual matters
27. 礼物	lǐwù	(名)	gift
28. 那	nà	(连)	then
29. 老板	lǎobǎn	(名)	boss
30. 要求	yāoqiú	(名、动)	demand; require
31. 酒	jiǔ	(名)	wine; liquor
32. 大概	dàgài	(副)	general
33. 差	chà	(动)	remainder of subtraction
34. 分	fēn	(量)	a unit of time
35. 到	dào	(动)	arrive
36. 星期日（天）	xīngqīrì (tiān)	(名)	Sunday

第 10 课 准备过生日

Lesson 10 Preparing for a birthday party

37.	东西	dōngxi	（名）	thing; matter
39.	穿	chuān	（动）	wear; put on

专 名 Proper nouns

1.	四海餐厅	Sìhǎi Cāntīng	Sihai Restallrant
2.	田	Tián	a surname
3.	北京	Běijīng	Beijing

四 语言点 Language points

（一）基本句 Basic sentence patterns

名词谓语句 Sentences with a noun as the predicate

说明时间、日期、国籍等的名词可以直接作谓语，不用加"是"。例如：

When sentences with a noun as the predicate illustrate time, date, nationality, "是" is usually omitted. For example:

(1) 今天10月14号，星期四。

(2) 现在两点。

(3) 金美英韩国人。

（二）词语用法 Usages of words and phrases

1. 表示日期的词语用法

The uses of the words and phrases expressing date

常用的表示日期的词有：年、月、日/号、星期/周，语序也是按照这个顺序，从大到小。例如：

The words and phrases expressing date are: 年,月,日/号,星期/周. The word order is from the large unit to the small one. For example:

(1) 2002年10月15日，星期二。

(2) 今天8月9号，周一。

"日"和"星期"是书面语，"号"和"周"是口语。

"日" and "星期" are formal usage, "号" and "周" are informal usage.

2. 表示时间的词语用法 (2)
The usage of the words and phrases expressing time (2)

"分"是比"点"小的单位。例如：

"分" is smaller unit than "点". For example:

4：05　读作　四点零五分

8：10　读作　八点十分

"差……分……点"是一种常用的时间表达法。例如：

"差……分……点" is a common usage of expressing time. For example:

4：55　可以读作　四点五十五分　也可以读作　差五分五点

9：50　可以读作　九点五十分　也可以读作　差十分十点

3. 对了　The usage of the phrase "对了"

插入语。用于改变话题，表示忽然想起应该做的或应该补充说明的事情。例如：

对了 is an adverb with the meaning of well to change the topic or to explain further. For example:

(1) 对了，后天我过生日。

(2) 对了，明天要带地图。

(3) 对了，你做作业了吗？

(4) 对了，你想去哪儿买词典？

五 操练与交际 Practice and communication

(一) 读下列音节，注意辨别声母
Read the following syllables and pay attention to distinguish the initials

nián—lián   suì—shuì   chà—shà   chuān—zhuān
nǚ—lǚ   quán—chuán   kāi—gāi   jiàn—qiàn

(二) 读下列音节，注意辨别韵母和声调
Read the following syllables and pay attention to distinguish the finals and the tones

jīnnián—jìnnián   shēngrì—shēnrù   xīngqī—xīnqí
yāoqiú—yào qiú   chūshēng—chùsheng   yàngzi—yànzi
qìngzhù—qīngzhù   tóngyì—tǒngyī   lǐwù—lǐwū
wǎnhuì—wàihuì   cāntīng—cāngtiān   dōngxi—dōngxī

(三) 熟读下列短语 Read up the following phrases

过生日	过周末	过年	过星期日		
多大	多长	多高	多累	多忙	多新
全国	全家	全班	全校	全同意	
同意去	同意来	同意买	同意找	同意学	
准备水果		准备礼物		准备蛋糕	
准备东西		准备茶			

（四）用本课的生词填空
Fill in the blanks with the new words in this lesson

1. 今天王老师_____生日，同学们都来了。
2. 你_____什么时候去北京？
3. 金美英买了一个生日_____。
4. 玛丽亚今天穿的那_____衣服非常漂亮。
5. 我们宿舍旁边有一个_____。
6. 高桥今年21_____了。
7. 我们班周末要开个_____。
8. 大卫是1987年10月14日_____的。
9. 现在_____五分十点。
10. 他姓田，是饭店的_____。

（五）词语搭配 Collocations of words and phrases

大概_____　　_____要求　　礼物_____　　_____件

同意_____　　庆祝_____　　穿_____　　_____准备

（六）句子替换 Sentence substitution

1　5月9号，星期四　和大卫一起去海边
　8月1号，星期一　有听力课
　3月27日，星期二　去找丁老师
　9月18日　　　　和金美英一起去公园

A：今天 10 月 14 号，星期四。
B：对了，后天我过生日。

2

1984 年 2 月 8 日	26
1987 年 8 月 25 日	23
1979 年 12 月 31 日	31
1991 年 5 月 7 日	19

A：今年你多大？
B：我 1989 年 10 月 16 日出生，今年 21 岁。

A：全班同学一起庆祝班长的生日，好不好？
B：好。

3

去海边	同意不同意	同意
去买东西	行不行	行
去饭店庆祝	好不好	好
图书馆学习	同意不同意	同意

4

身体	好不好
工作	累不累
学习	忙不忙
作业	多不多

A：最近生意好不好？
B：还行。

5

十分	八点
十五分	两点
两分	十二点
八分	九点

A：现在几点？
B：差五分十点。

6

五点半

差十分十二点

九点半

差十五分四点

A：你大概几点到？
B：我大概差五分六点到。

（七）看图回答问题

Answer the following questions according to the picture given below

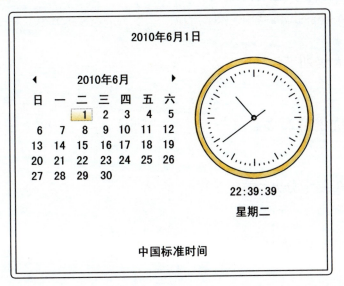

1. 这是哪一年？

2. 今天几月几号？星期几？

3. 现在几点？

4. 明天几月几号？星期几？

5. 昨天几月几号？星期几？

6. 后天几月几号？星期几？

7. 这个月有多少天？

（八）把下面的句子变成否定句
Change the following sentences to negative ones

1. 今天星期二。

2. 高桥今年21岁。

3. 现在差十分九点。

4. 后天3月20号。

5. 昨天星期日。

（九）完成会话　Complete the following conversations

1. 下课的时候。

　　山　本：今天几号？星期几？

　　金美英：＿＿＿＿＿＿＿＿

　　山　本：后天是高桥的生日。我们一起给她过生日，好不好？

金美英：_____？

山　本：她_____出生，今年_____岁。

2. 在山本的宿舍。

山　本：我们去哪儿给高桥庆祝生日呢？

玛丽亚：_____？

山　本：行，谁去买蛋糕？

金美英：_____，我知道在哪儿。

玛丽亚：我准备_____，山本呢？

山　本：我多买点儿酒。

金美英：我们几点去？

山　本：_____？

金美英：好的。

（十）读后判断对错

Read the following passage first and fill in the brackets with "√" or "×"

我们班10月过生日的同学真多。今天10月2号，星期六。后天4号，星期一，玛丽亚的生日，她1990年出生，今年20岁。我想给她买支笔。14号是大卫的生日，他1988年出生，今年22岁，我准备给他买本词典。26号是田中的生日，他1978年出生，今年32岁，我想给他买件衣服。这么多东西还没买，我想明天下午请孙明和我一起去商店买礼物。

1. 我们班4月过生日的同学真多。　　　　　　　（　）

2. 今天是10月4号。　　　　　　　　　　　　　（　）

3. 10月4号是星期一，玛丽亚的生日。　　　　　（　）

4. 玛丽亚21岁，1988年出生。　　　　　　　　 （　）

5. 14号是田中的生日。　　　　　　　　　　　　（　）

6. 我想给田中买一本词典。　　　　　　　　　　（　）

7. 大卫是 1987 年出生的，今年 22 岁。　　　　　（　）

8. 田中是 1978 年出生的。　　　　　　　　　　（　）

9. 明天是 10 月 4 号星期三。　　　　　　　　　（　）

10. 这个月有三个同学过生日。　　　　　　　　　（　）

（十一）交际　Role play

1. 商量给同学过生日。

    Talk over how to celebrate your classmate's birthday.

2. 商量什么时候去老师家。

    Talk over when to go visit your teacher at home.

自 测 题
Evaluation paper

一、给下面的生词写上拼音　　Write the *Pinyin* of the following words

(　　)	(　　)	(　　)	(　　)	(　　)
晚上	教室	什么	姐姐	请问
(　　)	(　　)	(　　)	(　　)	(　　)
再见	认识	眼镜	铅笔	练习
(　　)	(　　)	(　　)	(　　)	(　　)
风景	主意	办法	明白	知道
(　　)	(　　)	(　　)	(　　)	(　　)
公园	房间	干净	蛋糕	餐厅

二、根据拼音写汉字　　Write the Chinese character of the following *Pinyin*

xiàwǔ	zhuōzi	duōshao	guójiā	wèntí
(　　)	(　　)	(　　)	(　　)	(　　)
yǐqián	duànliàn	gāoxìng	shāngdiàn	nàyàng
(　　)	(　　)	(　　)	(　　)	(　　)
piàoliang	shíhou	xiànzài	tígāo	cāochǎng
(　　)	(　　)	(　　)	(　　)	(　　)
dāngrán	juéde	qǐ chuáng	zhǔnbèi	lǐwù
(　　)	(　　)	(　　)	(　　)	(　　)

三、填量词　Fill in the blanks with measure words

1. 桌子上有20____词典。
2. 孙明家有四____人。
3. 我有一____汉韩词典。
4. 我们的教室在五____。
5. 我买一____笔。
6. 这苹果一____五____钱一____。
7. 我家附近有一____河。
8. 我们学校有两____日本老师。
9. 那边有一____山。
10. 我要一____咖啡。
11. 我有一____汽车。
12. 一____矿泉水多少钱？
13. 哥哥给我一____生日礼物。

四、词语搭配　Collocations of words and phrases

照____　　穿____　　　　好吃　多____　　　非常____
买____　　锻炼____　　不用____　　　　水平____　这么____

五、根据画线词语改成疑问句
Change the following sentences to questions according to the underlined parts

1. 我昨天去<u>超市</u>了。
   _____

2. 我<u>明天下午</u>有时间。
   _____

3. 金美英家有四口人。
   _____

4. 现在一点半。
   _____

5. 戴眼镜的女老师是张云老师。
   _____

6. 这种香蕉三块钱一斤。
   _____

7. 我想买一支笔。
   _____

8. 我今年21岁。
   _____

9. 今天12号。
   _____

10. 我是韩国人。
    _____

六、把下面的"在"字句改成"是"字句和"有"字句
Change the following sentences with "在" into sentences with "是" and "有"

例如：操场在食堂北边。
改为：食堂北边是（一个）操场。
　　　食堂北边有一个操场。

1. 图书馆在教学楼的东边。
   _____

2. 宿舍在花园和商店的中间。
   _____

3. 小花园在图书馆的南面。
_____

4. 滨海路在山的西边。
_____

5. 书店在超市的附近。
_____

七、把所给的词放在恰当的位置上
Put the following listed words into the appropriate place of the sentences below

1. A 我 B 每天 C 八点 D 到学校。

大概

2. A 我 B 想 C 买 D 一点儿水果。

再

3. 我现在 A 办公室 B 找王老师 C 请假 D。

去

4. 我 A 昨天买 C 苹果 C 又大又好吃 D。

的

5. 我们班 A 都 B 是韩国人，也 C 有日本人和英国人 D。

不

八、看图会话　Talk about the pictures below

（一）时间问答　Ask and anwer about time

1.

  1   2   3   4

2.

3.

4.

5.

6.

（二）日期问答　Ask and answer about date

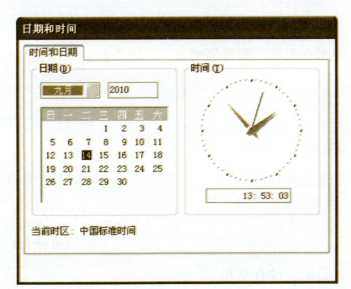

A: 今天几月几号？

B: _____，明天星期几？

A：_____。下周二是几号？

B：_____

（三）价格问答 Ask and answer about price

九、用所给的词语完成句子

Complete the following sentences with the words or phrases in the brackets

1. A：_____？（多少）

   B：我们班有18个学生。

2. A：_____？（几）

   B：我家有三口人，爸爸、妈妈和我。

3. A：我叫金美英，我是韩国人，汉语学院的学生，你呢？

   B：_____（叫、是）

4. A：_____？（和……一起）

   B：好的。

5. A：丁老师在吗？

   B：_____（以后）

6. A：_____？（为什么）

   B：他很忙，没有空儿。

7. A：你明天去上课吗？

   B：_____（当然）

8. A：_____？（还是）

　　B：我要一杯咖啡。

9. A：_____？（多大）

　　B：我今年 25 岁。

10. A：_____？（什么时候）

　　B：我下午两点去图书馆。

八	bā	八	여덟	восемь	1
爸爸	bàba	ちち	아버지	папа	2
吧	ba	文末につけて推量の意味を表す	구나/군요	ли	4
白	bái	白い	희다	белый	6
班	bān	クラス	반	класс	2
班长	bānzhǎng	班長	반장	староста	10
办法	bànfǎ	方法	방법	метод	7
办公室	bàngōngshì	事務室	사무실	офис	9
半	bàn	半分	절반	пол	6
杯	bēi	杯やコップなどの容器を表す単位	잔	чашка	9
杯子	bēizi	コップ	카프	кубок	9
北边	běibian	北；北の方	북방	север	8
北面	běimian	北；北の方	북쪽	север	8
本	běn	本	본	тетрадь	3
本子	běnzi	ノート	노트	тетрадь	1
笔	bǐ	ペン・鉛筆	붓 필	карандаш	1
不	bù	〜ではない	아니	нет	1
不错	búcuò	悪くない	괜찮다	хороший	7
不好意思	bù hǎoyìsi	照れくさい	부끄럽다	неловно	10
不用	búyòng	〜する必要がない	할 필요가 없다	не	3

C

菜	cài	料理	요리	овощи	8
餐厅	cāntīng	レストラン	식당	столовая	10
操场	cāochǎng	グラウンド	운동장	спортвнная площадка	8
层	céng	重なっているものを数える単位（〜階）	층	этаж	5
茶	chá	お茶	차	чай	9
差	chà	不足する（〜時〜分前）	이전	недоставать	10
长	cháng	長い	길다	длинный	7
超市	chāoshì	スーパー・マーケット	슈퍼마켓	супермаркет	5
车	chē	自転車	차	автомобиль	9
吃	chī	食べる	먹다	есть	8
出生	chūshēng	生まれる	태어나다	родиться	10
出租车	chūzūchē	タクシー	택시	такси	9
穿	chuān	着る	입다	одевать	10
词典	cídiǎn	辞書	사전	словарь	3

D

大	dà	大きい	크다	большой	6
大概	dàgài	多分	아마	может быть	10
带	dài	携帯する・持つ	가지다	носить	6
戴	dài	かける	쓰다	носить	7
蛋糕	dàngāo	ケーキ	카스텔라	торт	10
当然	dāngrán	もちろん	당연히	конечно	8
到	dào	到着する	도착하다	прибыть	10

中文	拼音	日本語	한국어	Русский	课
的	de	所属関係などを示す（の）	적	суффикс полной формы	1
地	de	連用修飾語であることを示す	지	суффикс полной формы	7
地图	dìtú	地図	지도	карта	8
弟弟	dìdi	おとうと	동생	младший брат	2
点	diǎn	時	점/시	час	6
东边	dōngbian	東；東の方	동방	восток	8
东面	dōngmian	東；東の方	동쪽	восток	8
东西	dōngxi	東西	동서	вещь	10
懂	dǒng	分かる	알다	понимать	7
都	dōu	全部；みんな	모두	все	3
锻炼	duànliàn	鍛える	단련하다	закалять	4
对	duì	正しい	옳다	правильный	2
对不起	duìbuqǐ	すみません	미안하다	извините	2
对了	duìle	ところで	맞다	да так	10
多	duō	多い	많다	многое	7
多	duō	どれほど	얼마나	насколько	10
多少	duōshao	どのくらい	얼마	сколько	2

E

| 二 | èr | 二 | 둘 | два | 1 |

F

发音	fāyīn	発音	발음	произносить	3
饭店	fàndiàn	料理店；レストラン	식당	ресторан	8
房间	fángjiān	部屋	방	комната	9
非常	fēicháng	非常に；大変	대단히	очень	6

分	fēn	分（フェン）・貨幣の単位	분	минута	5
分	fēn	分	분	минута	10
风景	fēngjǐng	風景	경치	пейзаж	6
附近	fùjìn	付近・あたり；〜の近く	근처	неподалеку	8

―― G ――

干净	gānjìng	きれい	깨끗하다	чистый	9
钢笔	gāngbǐ	ペン；万年筆	펜	ручка	9
高	gāo	高い	높다	высокий	7
高兴	gāoxìng	嬉しい	기뻐하다	радоваться	4
告诉	gàosu	話す	알리다	сказать	7
哥哥	gēge	兄	형	старший брат	2
个	gè	最も広く用いられる量詞	개	штука	2
个子	gèzi	身長	크기	рост	7
给	gěi	（人にものを）与える	주다	дать	3
跟	gēn	と	…와 함께	с	7
工作	gōngzuò	仕事（をする）	일하다	работа	9
公共汽车	gōnggòng qìchē	バス	버스	автобус	9
公园	gōngyuán	公園	공원	парк	8
广场	guǎngchǎng	広場	광장	площадь	8
贵	guì	高い	비싸다	дорогой	8
贵姓	guìxìng	お名前	성씨	как вас зовут	4
国	guó	国	국	страна	2
国家	guójiā	国	국가	страна	2
过	guò	過ごす	지나가다	про-	10

哈哈	hāhā	口を大きく開けて笑う声	하하	ага	4
还	hái	それに；また	아직도	еще	4
还行	hái xíng	まあまあ	괜찮다	нормально	7
还是	háishì	または	또는	или	9
海	hǎi	海	바다	море	6
海边	hǎibiān	海辺	해변	побережье	6
好	hǎo	健康である；良い	좋다	добрый	1
好吃	hǎochī	美味しい	맛있다	вкусный	8
好久	hǎojǔ	久しぶり	오랫동안	долгое время	9
号	hào	〜日	날짜	номер	10
喝	hē	飲む	마시다	пить	9
和	hé	と	하고	и	2
和	hé	……に；……にいって	와；에게	и	6
河	hé	川	강	река	8
很	hěn	たいへん；とても	아주	очень	4
后边	hòubian	後ろ	뒤쪽	зад	8
后天	hòutiān	明後日	모레	послезавтра	10
花	huā	花	꽃	цветок	8
花园	huāyuán	庭園	화원	сад	8
回	huí	帰る	돌아가다	вернуться	9

基础	jīchǔ	基礎	기초	база	2
急	jí	急ぎの	급하다	стремительный	9
几	jǐ	どのくらい	몇	несколько	2

家	jiā	家	가족	семья	2
家具	jiājù	家具	가구	мебель	7
见	jiàn	会う	보다	встречаться	6
见面	jiàn miàn	会う；顔を合わせる	만나다	встречаться	6
件	jiàn	総称を表す名詞に用いる	가지	для отдельных вещей	10
交	jiāo	手渡す	주다	дать	5
角	jiǎo	貨幣の単位	각	слово меры	5
叫	jiào	～と申す	부르다	звать	4
教室	jiàoshì	教室	교실	аудитория	1
教学	jiàoxué	教える	가르침	обучение	8
姐姐	jiějie	姉	누나	старшая сестра	2
斤	jīn	重さの単位（1斤＝500グラム）	근	полкило	5
今年	jīnnián	今年	올해	этот год	10
今天	jīntiān	今日	오늘	сегодня	6
进	jìn	入る	들어가다	при-	7
九	jiǔ	九	아홉	девять	1
酒	jiǔ	お酒	술	вино, ликер	10
就	jiù	（肯定を強める）ほかでもなく	바로	только	8
桔子	júzi	みかん	귤	апельсин	6
觉得	juéde	～と思う	생각하다	чувствовать	9

K

咖啡	kāfēi	コーヒー	커피	кофе	9
开	kāi	開く・行う	개최하다	созывать	10
看	kàn	見る	보다	смотреть	5
客气	kèqi	遠慮する	사양하다	вежливый	8
课	kè	授業	수업	урок	2
课本	kèběn	テキスト	교과서	учебник	3

空儿	kòngr	暇	시간	свободное время		6
口	kǒu	人数を数える単位	구	слово меры		2
口语	kǒuyǔ	話し言葉	구어	разговорный язык		2
块	kuài	貨幣単位に用いる（＝元）	원	слово меры		5
快	kuài	速い	빠르다	быстрый		6
矿泉水	kuàngquánshuǐ	ミネラル・ウオーター	광천수	минеральная вода		6

L

来	lái	来る	오다	приходить	6
蓝	lán	青い	푸르다	синий	6
老板	lǎobǎn	経営者；オーナー	지배인	содержатель	10
老师	lǎoshī	先生	선생님	учитель	1
了	le	～た（過去を表する）	실제로 이미 발생한동작이나 변화에 사용됨	в конце пункта	7
累	lèi	疲れている	피곤하다	усталый	9
礼物	lǐwù	贈り物；プレゼント	선물	подарок	10
里	lǐ	～の中	속	внутрь	8
里边	lǐbian	中	안	внутрь	8
俩	liǎ	二人	두 사람	два	9
练习	liànxí	練習（する）	연습하다	закалять	5
两	liǎng	2（に）	둘	два	5
辆	liàng	台	대	одна машина	9
留学生	liúxuéshēng	留学生	유학생	студента, обучающ-ихся а рубежом	4
六	liù	六	여섯	шесть	1
楼	lóu	ビル；～階	층	здание	5
路	lù	道；通り	도로	дорога	6
绿	lǜ	青い；みどりの	푸르다	зеленый	6

妈妈	māma	母	어머니	мама	2
吗	ma	疑問の気持ちを表す(か)	니?	ли	1
买	mǎi	買う	사다	покупать	5
卖	mài	売る	팔다	продавать	7
慢	màn	遅い	느리다	медленный	7
忙	máng	忙しい	바쁘다	занятый	9
毛	máo	貨幣単位に用いる(＝角)	일원의 십분의 일	слово меры	5
没	méi	ない；持っていない	없다	не	2
没关系	méi guānxi	かまわない；大丈夫だ	관찮다	ничего	3
没有	méiyǒu	まだ〜していない	없다	нет	3
每	měi	毎〜	매	каждый	4
美	měi	きれいだ；美しい	예쁘다	красивый	9
门口	ménkǒu	入り口；玄関のところ	문앞	ворота	6
们	men	〜たち；〜ら	들	суффикс	1
名字	míngzi	名；名前	이름	имя	3
明白	míngbai	分かる	명백하다	понимающий	7
明天	míngtiān	明日	내일	завтра	6

哪	nǎ	どれ；どこ	어떤	где	3
哪儿	nǎr	どこ(話し言葉)	어디	где	3
哪里	nǎli	どこ(書き言葉)	어디	где	3

哪里哪里	nǎli nǎli	いえいえ	뭘요, 별말씀을.	спасибо	4
那	nà	それ; あれ	저	вот	3
那	nà	それでは	그러면	но	10
那边	nàbian	あそこ	저기	там	8
那儿	nàr	あそこ	저기	там	5
那样	nàyàng	あんな; そんな	그렇게	такой	5
男	nán	男の	남	мужской пол	10
南边	nánbian	南; 南の方	남방	юг	8
南面	nánmian	南; 南の方	남쪽	юг	8
难	nán	難しい	어렵다	трудный	7
呢	ne	疑問文の文末に用い、答えを催促する気分を表す	의문문의 끝에 써서의문의 어기를 나타냄	частица	4
你	nǐ	あなた	너	ты	1
你们	nǐmen	あなたたち	당신들	вы	1
年	nián	年	해	год	10
您	nín	あなた; あなたさま	당신	вы	1
牛奶	niúnǎi	ミルク	우유	молоко	9
女	nǚ	女の	여	женский пол	7

旁边	pángbiān	横; そば	옆	рядом	8
跑	pǎo	走る	걷다	бежать	4
跑步	pǎo bù	ジョギングする	달리다	бежать	4
朋友	péngyou	友達	친구	друг	4
漂亮	piàoliang	きれいだ; 美しい	아름답다	красивый	6
苹果	píngguǒ	リンゴ	사과	яблоко	5
瓶	píng	びん	병	бутылка	9

Q

七	qī	七	일곱	семь	1
骑	qí	乗る	타다	ехать на	9
起床	qǐ chuáng	起きる	일어나다	вставать	9
汽车	qìchē	自動車	기차	автомобиль	9
铅笔	qiānbǐ	鉛筆	연필	карандаш	3
前边	qiánbian	前；先；前方	앞쪽	вперед	8
钱	qián	お金	돈	деньги	5
请	qǐng	頼む；お願いする	요청하다	пожалуйста	6
请假	qǐng jià	休暇を取る	휴가를 신청하다	отпрашиваться	9
请问	qǐngwèn	お伺いしますが	실례하다	извините	3
庆祝	qìngzhù	祝う	축하하다	праздновать	10
去	qù	行く	가다	уехать уйтди	5
全	quán	すべての	전체의	все	10

R

人	rén	人	사람	человек	1
认识	rènshi	知っている	인식하다	знакомиться	4
日	rì	日	일	день	10
容易	róngyì	易しい	쉽다	легкий	7

S

三	sān	三	셋	три	1
山	shān	山	산	гора	8
商店	shāngdiàn	店	가게	магазин	5
商贩	shāngfàn	小商人	행상인	лоточник	5

上边	shàngbian	上；上の方	위쪽	над	8
上课	shàng kè	授業をする	수업	давать урок	7
上午	shàngwǔ	午前	오전	до обеда	1
少	shǎo	少ない	젊다	малый	8
身体	shēntǐ	体	몸	здоровье	4
什么	shénme	何	무슨	что такое	2
生日	shēngrì	誕生日	생일	день рождения	10
生意	shēngyi	商売	장사	бизнес	7
十	shí	十	열	десять	1
时候	shíhou	時	동안	время	6
时间	shíjiān	暇	시간	время	7
食堂	shítáng	食堂	식당	столовая	8
事	shì	用事	일	дело	6
是	shì	～だ；～である	이다	быть	1
收	shōu	預かる	받다	получить	5
书	shū	本	책	книга	1
书店	shūdiàn	書店	서점	книжный магазин	3
树	shù	木	나무	дерево	6
谁	shuí	誰	누구	кто	3
水	shuǐ	水	물	вода	6
水果	shuǐguǒ	果物	과일	фрукты	5
水平	shuǐpíng	レベル	수준	уровень	7
说	shuō	話す	말하다	говорить	5
四	sì	四	넷	четыре	1
宿舍	sùshè	寮	기숙사	общежитие	6
岁	suì	歳	살	год	10

他	tā	彼	그 사람	он	1
他们	tāmen	彼ら	그들	они	1
她	tā	彼女	그녀	она	1

她们	tāmen	彼女たち	그녀들	они	1
提高	tígāo	高める	제고하다	поднять	7
天	tiān	日	날	день	4
天	tiān	空	하늘	небо	6
条	tiáo	細長い物を数える単位	가지	bсчётное слово	6
听	tīng	聴く	듣다	слушать	5
听力	tīnglì	聞き取り能力	듣기 능력	слух	2
听说	tīngshuō	聞くところによれば	…이라 한다	говорят что	6
同学	tóngxué	クラスメート	동창	одноклассник	1
同意	tóngyì	賛成する	동의하다	согласиться	10
图书馆	túshūguǎn	図書館	도서관	библиотека	8

外	wài	外	밖	внешняя сторона	8
晚会	wǎnhuì	パーティー	저녁 파티	вечер	10
晚上	wǎnshang	夜	저녁	ночью	1
为什么	wèi shénme	なぜ；どうして	왜	почему	7
位	wèi	敬意をもって人を数える単位	분	слово меры	7
问	wèn	聞く	묻다	спросить	3
问题	wèntí	問題	문제	вопрос	3
我	wǒ	私	나	я	1
我们	wǒmen	私たち	우리	мы	1
五	wǔ	五	다섯	пять	1

西边	xībian	西；西の方	서방	запад	8
系	xì	学部	학부	факультет	4

下课	xià kè	授業が終わる	수업이 끝나다	конец урока	7
下午	xiàwǔ	午後	오후	после обеда	1
现在	xiànzài	今；現在	지금	сейчас	7
香蕉	xiāngjiāo	バナナ	바나나	банан	6
想	xiǎng	思う	예상하다	думать	5
小	xiǎo	小さい	작다	маленький	6
写	xiě	書く	쓰다	писять	3
谢谢	xièxie	有難う	고맙다	спасибо	3
新	xīn	新しい	새롭다	новый	3
星期	xīngqī	曜日	요일	недель	10
星期日(天)	xīngqīrì (tiān)	日曜日	일요일	воскресенье	10
行	xíng	いい；よろしい	좋다	нормальный	5
姓	xìng	姓は〜である	성	фамилия	4
学	xué	勉強する	배우다	учиться	3
学生	xuésheng	学生	학생	студент	2
学习	xuéxí	勉強する	배우다	учиться	9
学校	xuéxiào	学校	학교	школа	3
学院	xuéyuàn	学院	학원	институт	3

眼镜	yǎnjìng	眼鏡	안경	очки	4
要求	yāoqiú	要求(する)	요구	требовать	10
要	yào	〜がほしい；〜をもらう	필요하다	хотеть	9
也	yě	〜も〜である	도	также	4
一	yī	一	하나	один	1
一点儿	yìdiǎnr	少し	조금씩 조금씩	немного	5
一起	yìqǐ	一緒に	같이	вместе	6
衣服	yītu	服	옷	одежда	9
以后	yǐhòu	これから	이후	позже	7

以前	yǐqián	以前	이전	раньше	7
意思	yìsi	意味	의미	смысл	7
营业员	yíngyèyuán	店員	영업원	продавец	3
有	yǒu	ある	있다	есть	2
又	yòu	また	또	снова	4
右边	yòubian	右；右の方	오른쪽	право	8
元	yuán	貨幣の単位	원	юань	5
约	yuē	誘う；約束する	약속하다	около	6
月	yuè	～月(がつ)	월	месяц	10
云	yún	雲	구름	облако	6

再	zài	もう一度	다시	еще	7
再见	zàijiàn	さようなら	안녕히 계(가)십시오	пока	3
在	zài	いる；ある	있다	быть	7
在	zài	に；で	에서	в	8
早	zǎo	早い	조기의	ранний	7
早上	zǎoshang	朝	아침	утро	1
找	zhǎo	つり銭を出す	거스르다	дать сдачу	5
找	zhǎo	探す	찾다	искать	7
照	zhào	写真を撮る	찍다	принимать фотографию	9
照片	zhàopiàn	写真	사진	фотография	9
这	zhè	これ	이	это	1
这边	zhèbian	ここ；こちら	이쪽	это	8
这儿	zhèr	ここ	여기	это	3
这么	zhème	こんなに	이와같이	такой	9
这样	zhèyàng	こんな	이렇게	такой	5
真	zhēn	とても；本当に	정말로	действительно	6
支	zhī	棒状のものを数える単位	자루	счетное слово	5

知道	zhīdao	分かる	알다	знать	8
中间	zhōngjiān	間; 真ん中	가운데	центр	8
中午	zhōngwǔ	昼	점심	полдень	1
种	zhǒng	種類を表す	가지	слово меры	5
周末	zhōumò	週末	주말	выходные дни	10
主意	zhúyi	考え; 意見	생각	идея	6
准备	zhǔnbèi	準備する	준비하다	готовить	10
桌子	zhuōzi	机	책상	стол	1
走	zǒu	歩く	가다	йдти	6
最近	zuìjìn	最近	최근	недавно	9
昨天	zuótiān	昨日	어제	вчера	7
作业	zuòyè	宿題	숙제	домашнее задание	3
坐	zuò	座る	앉다	сидеть	9
座	zuò	山、橋、ビル等大きくてどっしりしたものを数える単位	개(산)	счётное слово	8
做	zuò	する	하다	делать	7

Proper nouns

A

| 爱米 | Àimǐ | （人名）エミ | 애미 | имя | 1 |

B

| 北京 | Běijīng | （地名・中国の首都）北京 | 북경 | Пекин | 10 |
| 滨海路 | Bīnhǎi Lù | （大通りの名）濱海路 | 임해로 | Набережная | 6 |

D

| 大卫 | Dàwèi | （人名）ダイウェ | 대위 | имя | 4 |
| 丁文 | Dīng Wén | （人名）丁文 | 정문 | имя и фамилия | 1 |

E

| 俄罗斯 | Éluósī | （国名）ロシア | 러시아 | Россия | 2 |

F

| 高桥 | Gāoqiáo | （人名）高橋 | 고교 | имя | 5 |

177

H

韩国	Hánguó	（国名）韓国	한국	Корея	1
韩汉	Hán-Hàn	韓中	한중	Корейско-китайский	3
韩语	Hányǔ	韓国語	한국어	корейский язык	4
汉韩	Hàn-Hán	中韓	중한	Китайско-корейкий	3
汉语	Hànyǔ	中国話	한어	китайский	2

J

| 金美英 | Jīn Měiyīng | （人名）金美英 | 금미영 | имя и фамития | 1 |

M

| 玛丽亚 | Mǎlìyà | （人名）マリア | 마려아 | имя | 2 |
| 美国 | Měiguó | （国名）アメリカ | 미국 | США | 2 |

R

| 日本 | Rìběn | （国名）日本 | 일본 | Япония | 1 |
| 日语 | Rìyǔ | 日本語 | 일본어 | японский язык | 4 |

S

| 山本信一 | Shānběn Xìnyī | （人名）山本信一 | 산본신일 | имя | 1 |
| 四海餐厅 | Sìhǎi Cāntīng | | | | 10 |

孙明	Sūn Míng	（人名）孫明	손명	имя	2

T

田	Tián	（中国人の姓）田	전	фамилия	10
田中	Tiánzhōng	（人名）田中	전중	имя и фамилия	9

W

王兰	Wáng Lán	（人名）王蘭	왕란	имя и фамилия	8

Y

意大利	Yìdàlì	（国名）イタリア	이탈리아	Италия	4
英国	Yīngguó	（国名）イギリス	영국	Англия	2
英语	Yīngyǔ	英語	영어	КНР	1

Z

张云	Zhāng Yún	（人名）張雲	장운	имя и фамилия	7
中国	Zhōngguó	（国名）中国	중국	английский язык	3